U0022345

何謂禪

鎌田茂雄　著

昱　均　譯

東大圖書公司

譯者序

一朝風月　萬古晴空
　　—— 緬懷先哲、人間國寶

　　鎌田茂雄教授於一九二七年十二月三日，在日本國神奈川縣鎌倉市出生。一九四五年三月自東京陸軍幼校畢業，原本欲進入陸軍預科士官學校就讀，適逢日本敗戰，於是進入駒澤大學佛教學部專研佛學。一九五三年進入東京大學印度哲學研究所深造，一九六二年獲得東京大學文學博士的學位。

　　回憶起鎌田教授談到自己人生旅途中，所面臨到最大的衝擊與改變的時間，就是在日本敗戰前後。從報效國家、不惜身命到接觸禪學、禪修，從中國禪僧臨濟義玄的「無位真人」的思想體悟到空慧、空寂的禪定悟境。鎌田教授慶幸自己沒有上戰場，不造殺業，才有機緣深入宗教、哲學與禪學。他又對西田幾多郎的哲學深感興趣，熟讀《善之研究》後，體會到「所謂真正的善——亦即如實地了知真正的自己」。教授又因住在鎌倉圓覺寺白雲庵的因緣，得以親近朝比奈宗源禪師，學習禪坐。五十歲時開始練習合氣道，深入體會日本的武道精神——自他不二、主客融合之意境。由於每日勤練合氣道的關係，教授的健康情況良好，到了七十歲，上課可

以不用麥克風，寫起板書，左手、右手可以同時書寫，走起路來健步如飛。

鎌田教授的博士論文題目是「中國華嚴思想史的研究」，所以教授的研究領域從華嚴思想擴充到整體的中國佛教史的研究，預計完成八冊的中國佛教史全集，目前只知出版至第六冊。（教授已於二○○一年往生佛國，其遺著將由誰來完成，尚未得知。）

鎌田教授歷任東京大學、駒澤大學、愛知學院大學、國際佛教大學專任教授。於一九七六年六月得到日本學士院獎章，一九八一年得到佛教傳道文化獎章，一九九五年獲頒中國社會科學院文獻訊息中心名譽教授，一九九九年獲頒中國社會科學院佛教研究中心名譽研究員。教授一方面在大學執教，一方面也到世界各地去探討佛教寺院的歷史古蹟。此外，也在日本 NHK 國家電視臺長期主播宗教與人生的節目，同時，他也是一座禪宗寺院的住持。他的著作等身，學養俱豐，日本學界尊稱其為人間國寶，十分推崇敬重他的學術地位。

雖然，鎌田教授已經捨報往生，但哲人日已遠，典型在夙昔，相信他專精的研究精神、思想，提攜後學的胸襟雅量，豪邁爽朗的個性，慈悲敦厚的待人處世之道，都是我們學習的典範。透過他一本本的著作被傳述、被翻譯，他將永遠活在人們的心中。誠如禪語所言：一朝風月，萬古晴空。

對於擁有偉大思想的人，以及一生皆奉獻於教育與著書立說的人，世人將永遠緬懷他們，並以他們的身教、言教為

榜樣，承先啟後，再接再厲。筆者對鎌田教授的尊敬、感恩，實非筆墨所能形容，特此為文記之。祈願 能將教授的其他著作也譯成中文，以饗讀者。

　　最後，本譯書得以順利完成、出刊，感謝東大圖書股份有限公司的全力協助，以及亞洲文化總合研究所所長、日本川村學園女子大學教授鍾清漢老師的熱忱指導，與義守大學應用日語系系主任依昱法師撥冗潤稿，還有明燕、忠誠等居士的熱心打字，在此謹致最深之謝意！並祝福所有的大德菩薩，吉祥如意！

昱　均

二〇〇三年四月

前　言

　　佛教宗派之一的禪宗，不僅在廣闊的中國大地上獨自生根、開展，而且大放異彩。禪，即是由印度具有知識智慧的佛教，巧妙地與中國傳統的老莊思想融合，並結合中國人實際生活層面的思考方式，而獲得開花結果的成就。在中國所成立的禪宗思想，對於以陽明學為首的中國思想，有著非常大的影響。傳到日本之後，更成為影響日本文化形成的重大要素。至今，有不少外國人士，亦十分關心「何謂禪」。

　　由於禪具有奇言奇行的行為舉動，因此，留給一般人不易理解的印象。以禪的語意來說，會產生一種神秘的感覺。若是以一般人對於禪的了解而言，大概都會認為禪是艱深、不容易理解，或者只是禪坐的一種修行方式而已。

　　若問「禪，是什麼呢?」那麼，佛教學者會先從解釋禪的語義開始，然後再說明其成立之種種過程等。如果以相同的問題去請教禪僧，他們一定會先讓你坐下，接著才講解禪的第一要義。有時因情況不同，或許會受到警示之板（坐禪之時，為了避免進入睡眠狀態，而使用的香板）的供養。

　　本書是提供給一些在家居士和忙於工作的社會人士，以及對於人生有所深入思考或想了解基本禪學知識的人，以簡單容易理解的方式，來說明禪的思想、禪者的生活方式，以及現代生活中所活用的禪等。無論是從哪一個章節，讀者們都可以先依符合自己興趣與關心的部分來開始閱讀。

　　只有真正的禪者，才能完整地解說禪的第一要義。本書只是以一位專攻中國佛教史的學者立場，對於中國的禪學聊表心得之作。因此，本書的內容也只能算是一個學者對禪學的看法。由於青年時代從陸軍預科士官學校退學（請參照第一章）之後，曾在鎌倉圓覺寺住過，所以，相信自己身上多少也擁有一些禪宗的氣息。

　　生活在現代的人們，忙碌異常，有如走馬燈似地不停的工作，最後突然面臨死亡而不自知。此時，我們應該安靜地凝視自己的身心，傾聽它們的需求。禪，不僅可以解開心的煩惱，更能調適身體的問題。因此，必須學禪，才能使身體保持理想狀態，而靜寂深層的呼吸法，亦可使心胸悠然寬廣。簡單地說，就是禪可以匡正生活。沒有比現在這個時代，更需要每天過著有規律的生活，與擁有健康的身體和健全的心理生活方式。

　　本書，是筆者將以前刊登在雜誌上、記在筆記本上一些有關禪之記述、演講稿等文章，加以整理集結而成，或許這其中有前後重複或說明不足之處，但是，因為這些都是自身即時的靈感，所以，沒有特意將其統一。本書的出刊，感謝講談社學術局長山本康雄先生的大力協助，以及池永陽一先生的辛苦編輯與校正，在此謹致最深之謝意！

鎌田茂雄　於世田谷·梅岑洞

昭和五十四年（一九七九）六月十日

何謂禪

目次

第一章

禪入我心

愈是深入觀看自己，
愈是變得自由，
愈不會為自己自身的矛盾所苦。
宗教的意識即是脫離矛盾、
看見真正自己自身的根基。

參訪鎌倉圓覺寺

一九四五年十月的某一天，我因為日本戰敗而陷入精神恍惚的狀態，於是來到鎌倉圓覺寺。

家母逝世於一九三七年，葬在圓覺寺山內的白雲庵裡。我從湘南中學進入東京陸軍幼校後，一有休假，便經常與兄長前往先母的墓前參拜。

白雲庵是圓覺寺的塔頭寺院，開山祖師東明惠日是南宋人氏，他繼承了中國曹洞宗宏智派的法脈。

經由日本禪宗史權威前東京大學教授玉村竹二老師的指教，才得知原來圓覺寺內傳承有曹洞宗法脈之事。

白雲庵的住持田原大雄法師，生前是現任宗長朝比奈宗源老師的重要助手，曾擔任宗務總長的職務，致力於重建因關東大地震而被燒毀的大雄寶殿。田原大師是位苦學之人，畢業於日本大學專修部宗教學系。他實在是一位真正的禪者，對於工作的要求十分嚴格。我成為白雲庵的住眾以後，在白雲庵生活時，常與大師一起工作。

當我還是陸軍幼校的學生時，一到白雲庵，偶爾會遇見身穿僧衣，頭戴著早稻田大學菱形帽的禪僧——磯谷惠秀法師，雖然後來他成為我的師兄，可惜，卻於去年（一九七八）往生極樂世界。既失去師長，師兄又亡故，我感到茫然若有所失。其實，惠秀法師是一位非常開朗的人，據說他少年時代歷盡千辛萬苦，才有機會接受教育的薰陶。

在東京陸軍幼校時，我曾經立志將來要當國家的棟樑，並挺起胸膛不懼生死，但是，因為一九四五年敗戰之事，而使得自己的價值觀完全改變。以往認為是對國家有所助益的事，現在竟然覺得事實上並非如此。從無法分辨是非善惡的幼年開始，一直到接受皇國史觀教育的薰陶，我都以為軍人是負有保衛國家神聖使命的勇士。然而，怎知一夜之間，職業軍人的未來竟被視為有如逆賊般的不堪。

我在陸軍幼校時代，根據以平泉澄博士編纂的《國史學教程》學習皇國史觀，及研讀杉本五郎中佐的《大義》後，才確立了自己的生死觀。那時，學校規定每天必須寫「日記」，才能了解各種事情，但是戰爭結束時，日記已全遭燒毀，沒有留下隻字片語。

往昔的價值觀全然改變時，我陷入混沌之中、不知應該如何是好？就在那時，我想要到先母的墓前參拜，於是參訪圓覺寺，這就是我與佛教初遇的機緣。

參加接心

從此以後，我便常去圓覺寺。在聽聞朝比奈老師講話時，漸漸地對「禪」產生濃厚的興趣，於是在白雲庵借宿之際，偶爾也學習參禪。

圓覺寺的僧堂，位於舍利殿的右側。臘八接心（為了紀念十二月八日釋迦牟尼佛的成道日，所以從一日起至八日早上為止，全都日夜不眠地坐禪）時，禪堂的窗戶全部打開，

寒風刺骨。即使是坐著不動，也覺得全身冰冷。對於休息時
所飲用的一種甜酒，其滋味至今難以忘懷。臨濟宗的跑香，
亦即經行（禪坐中為避免腳麻，中途站起來走動）與曹洞宗
的跑香不同，是有如賽跑般地繞著僧堂跑，寒冷時，的確可
以使身體暖和。

　　當時，我什麼也不懂，只是坐在眾僧之中。參禪的鐘聲
一響，有時也會去參禪。總參（全部人員入室參禪）時，對
於因見解不成熟而不去參禪的僧侶，老參（資歷較深的僧人）
必須用腕力將他們推離坐禪的位置（係指一張草席大的地方，
是一個僧人居住的空間），讓他們去參禪，推拉的動作在幽靜
的空間中發出巨響。

　　當時，偶爾也聽聞朝比奈老師講解《無門關》、《碧巖錄》、
《槐安國語》等，但是完全不了解內容，只是短期間內有加
入參禪而已。

　　現在活躍於圓覺寺的雲頂和尚、續燈和尚、松嶺和尚等
傑出之人士，當時都在圓覺寺的僧堂中禪修，所以僧堂充滿
著朝氣與活力。想起年輕時，窺視禪僧們激烈修行的情形，
雖然那時沒有真正的去好好修行，但對於禪的語錄卻漸感親
切。

　　就在那時因緣際會，得以拜見前東京大學的玉村竹二教
授和日本大學教授暨松岡文庫的負責人古田紹欽先生。我曾
向古田教授借讀貴重的禪書，也曾多次向玉村教授請示禪宗
史的事情。由於兩位教授的恩賜，今日總算能夠成為一名學

者，對於兩位教授的鼎力相助實在是銘感五內。

思索之歷程

　　由於想研究「禪學」，所以於昭和二十年（一九四五），從剛復員不久的陸軍預官學校轉學到駒澤大學。因為當時距離敗戰時間不久，駒大也和所有的大學一樣，顯得十分荒涼，而且，校園內到處都是像我這樣來自軍校（陸軍或海軍等）、穿著軍服的學生。糧食缺乏的問題相當嚴重，使得學校幾乎無法上課。而我即使到了學校，也很少去聽課，總是先跑到圖書館，閱讀有關佛教、哲學的書籍。戰前舊制高中生畢業前必讀的西田幾多郎博士所著《善之研究》一書，我是到了此時才有緣拜讀。

　　昭和二十一至二十四年（一九四六～四九），是共產黨的活躍期，哲學界興起一股研究唯物論哲學的風潮。當時，我也順著潮流研讀戶坂潤先生的著作和費爾巴哈的《基督教本質》。

　　雖然無法確定是在什麼時候，但我仍記得當基督教的牧師赤岩榮先生，與從西田哲學轉入唯物論哲學的柳田謙十郎先生，在駒澤大學的講堂開起討論會的情形。年輕、洋溢著熱情的我，那時也曾為了宗教的真理與唯物論是互相矛盾或是可以合而為一的問題，陷入無濟於事的迷思。迷思，是年輕人的特權吧！

　　也許是因為統合主體上的現存之處和社會科學真理，是

當時研究的重要課題，所以京都大學的田邊元博士，在敗戰後不久即出版《懺悔道的哲學》（岩波書店），其內容是說明有關藉由親鸞宗教來統合絕對辯證法的矛盾。雖然，觀念論哲學逐漸開始否定西田哲學，但是，我卻漸漸被西田哲學的魅力所吸引。

當時，駒澤大學的教授們為生活壓力所苦，幾乎無法顧及上課和學生、交通等事情。即使是來到學校上課，也只是講解一些老掉牙的筆記，所以學生們也失去了聽課的興趣。而我則是一心一意地上圖書館，不管拿到什麼書都看。其實有很多書看也看不懂，不過一見到書，我就會想打開來閱讀。

由於中學時代的朋友信仰天主教，因此在偶然的機會裡遇見天主教徒。更因為這樣不可思議的機緣，我竟有幸與天主教的康德神父會面。至今仍然記得，當時曾驚嘆康德神父對於西田哲學方面的學識，竟是如此豐富。此後，也閱讀岩下壯一神父的《西洋中世精神史研究》，以及天主教友人出借的傑克‧馬里旦所著之《近代思想之先驅者》等，此外，對於奧古斯丁的《神國論》等也很有興趣。在友人的指導下，有時也看《公教要理》，也讀新約聖經中的《羅馬書》，與內村鑑三先生的著作。最近我思考的是禪與天主教在各方面的相似之處。

青年時代的我，就是過著上述不安定的精神生活，一下偏向唯物論，一下又對天主教有興趣。後來，出現在我面前的是禪坐的教授澤木興道老師，他是我的救星。對於不知生

存意義為何的我而言，這位澤木老師的禪坐課，如同一線光明。

　　澤木老師每次見到我，就說我面有狐色，雖然不了解是什麼。記得當時我在圓覺寺的禪堂打坐，有時又在黑夜的山林內，點香凝視黑暗中的一絲亮光靜坐，所以有可能是得了禪病，或者是看起來像神經衰弱。確實如同澤木老師所言，面容如狐狸一般。他看出目光異常銳利、容顏憔悴的我，得了禪病。

　　曾經有一次，我在駒澤大學的禪堂打坐時，老師突然從禪座中下來，走到我的背後，按住肩膀，將我推倒在地面上，我只好繼續在禪床上打坐。我想老師一定是看見在我背後顯現的野狐禪（將實際上未大徹大悟，而言行卻怪異者，比喻為野狐）。

　　至今，我仍深信澤木老師是近代罕見的一位傑出的禪師。他是一位提倡實踐真實品德之人，而且他的書中並無任何虛飾之處。此後，我經由澤木老師的《觀音經講話》，開啟了觀音信仰之道。

接觸西田哲學和鈴木禪學

　　據說戰後不久，大家為了購買岩波文庫出版的《善之研究》，連夜在書店前大排長龍。這是因為戰爭之時，一般民眾根本沒有閒情閱讀哲學書籍，所以戰後十分渴望精神糧食。當時，唯物論哲學是哲學界的主流，西田哲學則屬於觀念論

哲學，作為支援戰爭理論的哲學而言，西田哲學曾險遭遺棄。然而，我就是在這個時候接觸到西田哲學。

《寸心日記》是西田幾多郎博士年輕時的日記，已記不清楚這本小冊子是何時出版的，目前手上也沒有這本書。若依據一九六六年岩波書店發行之《西田幾多郎全集》第十七冊「日記」中的記載，例如，明治三十四年（一九○一）一月五日寫著「午前坐禪，午後坐禪，夜晚坐禪，至十二點半左右為止」，翌日也是一樣連續打坐。雖說這是因為在洗心庵，西田博士才能如此心無旁騖地連續坐禪，而即使是在家中，他也是照常坐禪。

西田博士雖然過著普通教員的生活，卻能夠持之以恆地每天打坐。例如明治三十五年一月二十一日寫著「清晨六點起床，打坐、以冷水洗臉、運動。午後召開主管會議。夜讀康德」，二十二日「清晨五點左右起床，打坐、以冷水洗臉、運動。午後開始浮士德會。夜讀康德」。明治三十五年（一九○二）十一月處的最後一頁記載著「打坐，每晚九點至十一點。讀書，每晚六點至九點」。博士在完成《善之研究》以前的十年中，一直瘋狂地處在打坐和讀書之中。「寸心日記」的確是具有震撼的影響力，可使懶惰之人立志發憤圖強，所以看到這本「小冊子」時，我確實是非常興奮。

即便是在日俄戰爭，日本佔領旅順之時，博士也是一心一意地打坐。明治三十八年（一九○五）一月四日寫著「閱讀今晨新聞號外中，所刊載的旅順開城協定。上午打坐，中

午聽見敲鑼打鼓、砲聲隆隆，慶祝旅順投降。下午打坐。晚上打坐。獨自參禪。為自己的無力感而憤怒不已」。又於五日記述「上午打坐。昨夜以來甚感困惑，我不了解自己，卻懷有遠大的願望。如今只能盡力朝所選之路精進，已無後退之路。午後打坐。正午在公園舉行慶賀攻佔旅順大會，所以聽得見呼喊萬歲之聲。今晚雖有提燈籠的慶祝活動，但是，大家未曾仔細思考過，我們究竟是以多少的犧牲，才換來如此遙遠的前途。而會引起這麼大的騷動，皆因人心變得淺薄。夜晚打坐，雖下雨，外面仍然喧譁不已」。看到每次過年，西田博士都在洗心庵打坐，以及冷眼旁觀日俄戰爭的無奈，我決定盡一生之力來了解自我本身。

　　西田博士的言語，如同一把利刃刺進我的胸膛。以往我為保護天皇、祖國而戰，認為即使戰死也是具有生存的意義。如今，我的態度有了一百八十度的轉變，我要追尋探究真正的自己。能克服自己，才能克服世界，所以，我必須要找出屬於自己的生存之道。

　　在日記欄外或是空白處，西田博士寫著自律、自省的言語和古人的詞句。這些言語、詞句對我的鼓勵相當大。

　　○自古天性豪邁之人，亦須歷經千辛萬苦，方能成就大
　　　道。吾輩豈可等閒思之。
　　○光陰一去不復返。須時時刻刻發憤圖強，去除妄念，
　　　貫徹大道。大道非依處境而是依志向而定。

○若非耿直之人，難以成道。

○立大志，勿祈願小利小成，須知大器晚成。

○去私心。勿隱惡。勿行違背良心之事。

○籌劃必須踏實，勿等閒視之。一寸光陰一寸金。

○東嶺和尚曰：坐時坐時參，行時行時參，臥時臥時參，
　食時食時參，語時語時參，一切工作時一切工作時參。

○安逸為可怕之敵，人人必須時時刻刻居安思危。（以上
　是一八九八年時所記載之文）

○一生甘為基層教師，真誠修道，深入研究學問。勿為
　他事所影響。

○大丈夫唯有依靠自己之力量成就事業。決不借用他人
　之力，謀求地位。

○深藏不妄動，顧慮太多周遭之事物，則難成大事。

○專業書籍應熟讀深思，此外應博覽以增廣見聞。外文
　以英、德文為主。（一九〇三年一月二十日記）

　　由於這些自省自律的言語和古人金玉良言的鼓勵，我也
立志要打坐與讀書。明治三十二年（一八九九）的日記中，
與康德、歌德的浮士德等並排，記載著白隱的《遠羅天釜》、
鈴木正三的《反古集》、月庵和尚法語、鹽山假名法語、碧巖
錄、寒山詩、傳習錄等禪語錄，以及有關陽明學的書籍名稱。
一開始我完全不了解這些禪語錄的內容，會去翻閱是因為受
了《寸心日記》的影響。

　　正式閱讀西田哲學的書籍是在駒澤大學的圖書館，但卻無法理解內容。當時，晚上在白雲庵讀《正法眼藏》，也是不懂。不記得是看《從工作者到觀看者》或是《一般人的自覺體系》，雖然一章接著一章看，也還是不了解其內容說的是什麼，只是記得規定自己每天要看幾頁。對於《正法眼藏》，也是一冊一冊地讀，雖然不能夠了解其真正的意義，但是，仍然規定自己每天必須要看幾頁由岩波文庫出版的書籍。年輕時代的讀書，雖然無法理解古聖先賢的書籍內容，卻被古人的志氣、對追求真理的熱情所感動。

西田哲學與禪

　　西田哲學是綜合亞里斯多德、柏拉圖、康德、黑格爾、費希特等的哲學，以及和打坐體驗結合而形成的哲學。這是受到歐洲哲學的強烈影響，才創造出屬於自己的哲學，更因為結合了打坐的經驗，所以，必然會使人聯想到與禪有關係。

　　或許是受到融合禪與儒教的陽明學說影響，當時的我，讀遍西田哲學的所有著作（雖然不懂其真正的意義），並且在與禪、佛教有關的詞句上畫紅線作記號。那是作為一種記錄自己在年輕時代，以一知半解的方式追求知識的精神熱忱，即使是現在，讀起那些畫紅線之處，仍然令人十分懷念。以下有關西田哲學與禪的一小部分資料，是摘錄自其主要著作中畫有紅線記號的地方。

　　看了《善之研究》，最使人感動的是獲得「純粹經驗」的

概念。至今仍記得一些關於純粹經驗的敘述。

> 以純粹經驗而言，尚未與知情意分離，如同單一活動，
> 亦無主觀客觀之對立。主觀客觀之對立，係因應吾人之
> 思維要求而出現，並非直接經驗之事實。於直接經驗上，
> 唯有獨立自全之一種事實。若無主觀之見，亦無客觀之
> 分。恰似美妙之音樂深入我心，達到物我相忘，天地間
> 僅存此一嘹亮樂聲，此一剎那即為真實呈現眼前。（六十
> 四頁）

這種純粹經驗從心理學的立場來看，是在敘述主客合一
的思想，若以宗教立場而言，即是指實際存在之神。

> 所謂神，絕不會超越實際存在之外，實在之根本即是神，
> 無主觀客觀之區別，精神與自然合一者即為神。（一〇三
> 頁）

純粹經驗是要自己去實踐真正的自己，即是了解真實的
自己。真實的自己即是宇宙之本體，此乃最終之真實存在。
西田博士甚至想在沒有神的地方見到神。這和「埃加爾德
(Eckard) 所言，在連神都失去的地方看見真正的神」（二〇五
頁）一樣，確實已達到禪的境界。讀到上述的內容，我非常
驚喜，知道這才是自己應該真正徹底究明之處。

　　從此時開始，閱讀西田哲學的全部著作，便成為我的生活重心。由初期的著述《關於自覺的直覺與反省》等開始閱讀，很快地進入確立西田哲學「場所理論」的《從工作者到觀看者》，更進一步讀到《一般人的自覺體系》。昭和二十三年（一九四八）二月二十二日，在神田須田町野本書店所購買的《西田幾多郎全集》第五冊（昭和二十二年十二月出刊）中收錄有《一般人的自覺體系》，現在我仍然收藏著這個版本。全集的首頁是一張西田博士攝於昭和五年八月，目光炯炯有神的相片，次頁是序文的原稿，如下文：

　　　　黑夜中藉著微光，我走進布滿荊棘的曠野。也有誤入歧
　　　　路，也曾徘徊在迷途之處。我只是敘述自身的心路歷程
　　　　而就教於同學之士。因為思緒漸漸有所進展，所以後面
　　　　的論文可以補正前面的論文。寫完此書，我的思想將更
　　　　為明確，自覺應有更多需要訂正之處。

　　西田博士的文章，有一股不可思議、牽動人心的魔力。人們受此文章的吸引，會陷入沉思而不能自拔。書中所大量使用的思維、思維對象的現象學語言，和一般人的自覺、叡智的自己、意識的自己等獨特的用語，實在令人無法理解。僅將畫紅線部分摘錄二、三處如下，以示當時自己關心的是哪些內容。

○良心愈敏銳，愈能感覺自己本惡。必須得到宗教的解脫，才能超越矛盾，看見自己真正的根基，經由徹底的否定自己，才能知道自己的根柢。這樣的境界，既非善亦非惡。（一七二頁）

○愈是深入觀看自己，愈是變得自由，愈不會為自己自身的矛盾所苦。宗教的意識即是脫離矛盾、看見真正自己自身的根基。（一七五頁）

○唯有意識到罪業深重，才能深入看見自己自身的意識。不斷地深入反省、再反省，反省之中，自然能看到真正的自己。只有意識罪業深重並痛心悔改，才能看見神的靈光。

○而此更包含一般所謂絕對無之境界，此即為吾人自身之宗教意識。所謂宗教意識，即是吾人之身心脫落，與絕對無之意識合而為一。此處亦非真亦非偽，亦非善亦非惡。所謂之宗教價值，即是否定價值之價值。（一七七頁）

○宗教之價值，意味著絕對地否定自己。達到絕對地否定自己、視而不見卻有所見、聽而不聞卻有所聞，才是宗教之理想，才是解脫。（一七九頁）

○真正透徹絕對無之意識時，即無我無神。因已為絕對無，故山是山，水是水，已有之事物，仍然如實呈現。（一八二頁）

　　最後所引用之辭，確實已達禪之境界，對於年輕如我而言，認為是神之聲、佛之語，深入我心。或可說簡直就是魔語。

　　接著，出版的是《無之自覺的限定》。還記得自己當時根本不懂內容，只是受了魔語般的魅力所吸引，因此，如飢似渴地閱讀收錄於書中〈所謂我之絕對無之自覺的限定〉和〈永遠之今日的自我限定〉等文章。

　　一直想要了解西田哲學的宗教觀，但最後強烈吸引我的是收錄於《哲學論文集》第七冊的〈場所性論理與宗教性世界觀〉。此書於昭和二十一年（一九四六）二月發行初版第一刷，至今我仍然收藏著，這是最早的版本，後來文章收錄於其子西田外彥先生的〈後記〉之中。以下所列項目是原書畫有紅線處，乃是自己有感而摘錄出來之文，藉此了解當時自己對哪些言語、內容較為關心。

　　　○人不一定是藝術家，但在某種程度上可以理解藝術。
　　　人不是宗教家，深信的人稀少。但在某種程度上，可以去了解宗教。如果見識到信徒熱誠的告白和偉大宗教家的信念，應該會深深地打動一些人的心。而且，一旦自己陷入非常不幸的處境時，也會從內心深處湧上一股所謂的宗教需求。宗教在心靈上是實際被需求的。（八十三頁）
　　　○怎樣的場合，才會意識到宗教心呢？宗教的問題，不

是價值的問題。當我們尋求自己的根本，深深意識到
自我矛盾時，或自覺自己的自我矛盾存在時，自我存
在即成為問題的根源。

○佛教的《金剛經》中，即是以即非之論理來表示無常
之理（鈴木大拙）。一切法即非一切法，故名一切法，
非佛即佛故為佛，眾生非眾生即為眾生。此為大燈國
師之「億劫相別」，讓我想起國師不離須史、竟日相對、
超越剎那之語。（一一一頁）

○所謂超越最高極善之神，只是抽象之神。真實之神必
須是由自身之中蘊含著極真，同時必須和極惡相親，
是拯救惡逆不道之神，此即絕對至真之神。

○佛教中所言之觀照，並非是觀看外在之佛，而是觀照、
反省自己之根源。若言觀外在之神，即為魔法。

○本來即不應有所謂之自力宗教，此乃矛盾之觀念，佛
教者本身亦有所誤解。所謂自力他力，禪宗、淨土真
宗、大乘佛教，皆持相同之立場。關於所要達到的悟
境，必須如同手中之物可以掌握。所謂入信難，意指
即使是易行的法門內，也自有其難處。（一二三頁）

○自己透徹自己之根源，即是宗教之入信、迴心。

○如道元所云，自己全然是真無。學佛即是學自己，學
自己即是忘自己，忘自己即可證萬法，縱使以科學角
度來探討，亦只此一途。此即見物，此即聞物。應被
否定的即是抽象性之自我獨斷，應被斷絕的即是有對

象性之自我執著。我們自身愈深入宗教，即愈能忘我
而達到盡理盡情之境。（一三六頁）

○我們自身無論在何處，皆是唯一僅有，一步一步逆限
定與絕對相接。臨濟宗云赤肉團上有一無位之真人，
經常從汝等諸人之面門出入。所謂「無論何處皆為個
人」，此即是作為人類之極限，以及身為人類代表者必
須如此。「仔細思索彌陀五劫思維之願，如同聯想到親
鸞一人」，必須如此深入了解其中意境。（一四三頁）

第七冊論文集係以歸納的形式寫作，是西田博士最後的
著作，所以也是一份遺稿，文中為了明示宗教的世界，引用
不少禪者和親鸞的文字，使我不僅能夠理解其中意義，並且
深受上述書中所摘錄之文字所影響，因而感動不已。

西田博士的遺骨被分成三份，一份葬於北鎌倉東慶寺幽
深的竹林之中，與其好友鈴木大拙教授、岩波茂雄先生的墓，
在清靜中共眠。至今，我仍然記得三十年前的事情，當時在
圓覺寺的白雲庵裡，只要有空，都會前往寸心居士（西田幾
多郎教授的別號）的墓前參拜。

與華嚴哲學相遇──鈴木大拙教授

閱讀《寸心日記》讓我熱中打坐，在此期間，意外地獲
得聽取鈴木大拙教授講課的機會，於是得已窺其風貌。西田
博士和鈴木教授同為研究學問之友，這可以從西田博士曾說

「我在思想上和你相差太多」（《禪與日本文化》岩波新書、序）而得知。第七冊論文集中所使用般若即非論理的表達，即是鈴木大拙教授自創之語。兩位博士從中學開始，就是親近的朋友，一生當中，交往十分親密，從未改變。雖然哲學和佛學、禪學，以及研究學問的對象不同，但在兩位教授彼此之間，皆是心意互為相通。

昭和二十二、二十三年（一九四七、一九四八），鈴木大拙教授在東慶寺的書院，聚集了一些居住鎌倉的人士開課，我只是一介學生、小僧，沒有資格聽課，承蒙古田紹欽教授、東慶寺井上禪定法師的好意，讓我坐在後面聽講。鈴木教授以輕淡的語調談論著華嚴的事事無礙法界，我完全不懂，只記得有談到華嚴思想將是領導未來世界的重要思想。後來，也許就是因為這個因緣，才使我專攻華嚴教育與學術。

從此以後，我一點一滴地閱讀鈴木大拙教授的著作。在其獨特的文體中，反覆不斷地說明，由於深入禪學的體驗，因而產生了一種獨特的思想。當時，吸引我讀的書是《靈性的日本建設》。這是一本解釋日本戰敗後，必須以靈性為根柢再建祖國的書籍。以下是大拙教授在此書序文中的一段文章。

看到「武人禪」成為軍閥、官僚們的專橫、得意洋洋的藉口，心中甚為不平。這不是「聖戰」，只是走向敗北之路而已。所謂真正的武士，必須謙虛、慈悲，在責任方面的了解，也必須比一般人多一倍的敏銳。講得太直接，

恐怕會觸犯當局的忌諱而無法出版，所以，藉著德川初
期鈴木正三道人這位修禪的武士來發表愚意。

讀了此文，使我受到很大的衝擊，這不僅是對我一直認
為單純的軍人所作的一種嚴厲批判，同時也預測到日本將來
會戰敗的結果。這是我第一次知道真正的軍人應該怎樣，也
是第一次知道鈴木正三這個名字。除此之外，也改變了我對
軍人慣有的印象，而且，讓我認真地思考要立志研究佛學和
禪學。如果沒有遇見鈴木大拙教授，也許就沒有今日的我。
所以，能與鈴木教授相識，才使我能夠接觸誓將以一生之力
專心研究的華嚴教學，這一切都是命運的安排。

第二章

禪的思想

只要能夠不惦記前念，
不對後念戰戰兢兢，
只要能夠接連不斷地處理眼前發生的事情，
自然可以漸漸地達到無念無想的境界。

心的問題

最近常聽人說「恢復人性」，說到恢復人性要考慮什麼呢？這才是問題所在。何謂恢復人性？簡單來說，就是「心」的問題。一般人只追求眼前的各種快樂，卻沒有注意心的健康；另一方面，則只注重身體的健康，做各種檢查，如癌細胞的檢查、照 X 光等。但是，對於心的問題、心的健康卻拋在一邊。

精神身體醫學，是一項新的醫學領域。研究人類因放不下情緒、感情，而使肉體的病情惡化，該項醫學使人明瞭很多身體的疾病，都是因心病而引起。心中有某種芥蒂，以致生病，因此稱為心病。所以在醫學方面，對於心的健康，必須要有深切的思考。

雖然精神分析學、心理學等，也可以處理心的問題，但是，這些學問無論在何處都是屬於經驗科學，不能拯救苦惱的心。我想我們祖先所流傳下來的佛教之中，應該有解決心靈方面問題的方式。

一談到佛教，年輕人會立刻聯想到寺廟和葬禮，現在的葬禮儀式，其實是從江戶時代中期才開始的，本來佛教和葬禮並無直接的關係。

佛教發源於印度，經過中亞，傳到中國、朝鮮、日本，佛教的目標是尋求人心的理想狀態。若與歐洲的哲學比較，則更為清楚。例如希臘的哲學，追求的是一切自然或是存在

的秩序，相較之下，佛教只是求「心」的秩序。也許有人會說佛教是唯心論，但是此論與歐洲的 Idealism 完全不同。佛教的唯心論是梵語的 cittāmatra，外國學者將 cittā 譯為英語的 mind，可是，cittā 是「心」，而 matra 是「唯」的意思，反過來念就成為「唯心」。由此也可得知，佛教是以「心」的問題作為中心理論。雖然是心，但與歐洲哲學唯物論相對的唯心論，有著不同的意義，因為，所指的是更為廣義，包含有環境、身心意識的心。相對於發源於希臘的歐洲哲學思想而言，這是佛教的一大特徵。

心的構造

　　佛教將心先分為六種，六種心指的是眼識、耳識、鼻識、舌識、身識、意識，其中最重要的是意識。六識又分為五俱意識和獨頭意識二類，五俱意識是眼、耳、鼻、舌、身五根，即是以此五種感覺器官引起心的作用，而獨頭意識是離開五種感官，只有意識獨立作用。獨頭意識分為：㈠夢中意識，㈡獨散意識，㈢定中意識三種。㈠夢中意識是指在睡眠中所引起的心識作用，此時前五識沒有活動，只有意識單獨行動。㈡獨散意識是指記憶再現或想像時的內心狀態，不是經由現在五種感官的見聞，而是留存於潛在意識下的以前所見所聞之事浮現出來活動。㈢定中意識是指禪定之時及意識統一時所引發的意識。運氣集中於臍下丹田，純化意識時，就會清晰出現禪定意識。

　　意識不但因五種感官而起作用，也能單獨行動，其領域
非常廣闊。

　　意識的功能很多。悲哀、憤怒、同情、失望等情緒，也
是屬於意識的活動；想吃、想喝、想看的欲念，也是意識的
活動；還有想起以前的經驗、回憶往事，也是意識的作用；
高度智慧的認知能力，也是意識的機能。

　　人類的精神活動中，意識十分重要，死時意識才會消失。
在何種情況下會出現沒有意識呢？當然，死的時候沒有意識，
其他如㈠深入禪定時，㈡熟睡時，㈢昏厥時等，也是沒有意
識。猛烈活動的意識，在上述的情形下會消失，特別是死時，
即使是多麼卓越的人類意識活動，也必須消失。那麼生存中
的意識完全沒有留下一絲影響、痕跡嗎？生命活動的意識所
遺留之痕跡（種子），稱為阿賴耶識，一直留存於潛在意識之
中，沒有片刻休息，也不會消失。

　　睡眠中，如果沒有做夢，意識就不會活動，在此之間，
意識是中斷的。但是，昨夜睡眠中沒有意識，今早意識作用
時，我們會覺得昨日的自己和今日的自己是同一個人，這是
為什麼呢？那是因為意識雖然中斷，而其背後的阿賴耶識卻
仍然繼續存在。

　　奈良有一座有名的藥師寺，是法相宗的大本山。京都的
清水寺，則是北法相宗的本山。法相宗是根據唐三藏玄奘，
從印度傳回中國護法的《成唯識論》一書而成立的宗派，開
山祖師是玄奘的弟子慈恩大師窺基。奈良時代，法相宗傳到

日本，於是成立了日本的法相宗。法相宗是別名，又稱為唯識宗，宣導唯識的教義。

唯識的教義，如萬法唯識所示：所有的現象皆以捕捉意識的活動為宗旨；而其特徵是以阿賴耶識為根本識。一般而言，小乘佛教只談六識，法相宗則在意識之外追加末那識和阿賴耶識，合成八識。

末那識是我執的根本，執著是其特性，所謂我、我是，是指末那識，認為自己可愛，也是末那識。意識的世界裡，可以豁然開朗，末那識裡卻不行。川柳（編按：日本的詼諧短詩）曾說「一邊傷心哭泣，一邊拿起較好的遺物」，人類就是如此，意識裡明白，可是，在行動上總會以自我為中心，就連父母去世，悲痛不已時，依舊無法屏除私欲。

鎌倉時代，法相宗的學者良遍（一一九四至一二五二），在日本第一次以平易、夾雜著片假名的文章，來說明難解的唯識，以下是講解末那識的內容。

> 第七為末那識，凡夫心底經常混濁，縱使先前之六種心識清淨之時，吾人自身和萬物之間分別之執著，亦未消失，吾人內心深處，無論何時皆有自我意識，此即為末那識之所依。（《法相二卷抄》上）

凡夫的心底，無論何時都是混濁，混濁之物即為第七末那識。六心是眼識、耳識、鼻識、舌識、身識、意識。眼識

是觀賞美麗花色的心，耳識是聽聲、聽音樂的心，鼻識是聞香的心，舌識是知道味覺的心，身識是以身體感覺知道冷、熱、軟、硬的心，意識是思考一切的心。儘管六心是多麼的清澈，末那識卻是混濁的。若要說是如何的混濁，像自己的身體、自己的物品這樣，對自己和他人的所屬有所差別，就是末那識。慈雲飲光所說的「我」，即是指末那識。有首古歌：

末那的海浪來回地拍打著賴耶的海岸
不知不覺中賴耶已生青苔

歌詞中出現的賴耶，就是唯識中第八識的阿賴耶識。阿賴耶識是生命的本體、生命的功能。生命的本體沒有「我」。此歌的意義是：生命本體中叫做末那的「我」起起伏伏，不知不覺中已有青苔附著。

第八阿賴耶識也稱根本識，阿賴耶是梵語的音譯語，意思是藏，貯藏什麼呢？將過去到現在的全部經驗都儲存起來。阿賴耶識貯藏的不僅是自己出生至今的所有經驗，連雙親、祖先們的經驗都有貯藏。這是多麼駭人聽聞的想法啊！人類的經驗累積，竟然不是只有自己這一代而已，還連續著無盡的過去和無限的未來。

在焚香的茶軒中稍坐一會兒，身上的衣服會沾有香氣，佛教稱此為「薰習」。我們每天的經驗和行為，也會變成被薰習的種子，全部貯存在阿賴耶識之中。種子也可說是行為的

殘餘力量、潛在勢力，經由某種條件的呼應，而再度出現於意識的領域，此種現象稱為「現行」。譬如，在百貨公司偷東西的行為，將會變成種子，貯藏在阿賴耶識中，當再度遇到沒人看見的時候，又會乘機行竊，這種行為當然也會變成種子，存著在阿賴耶識之中。也許在法律上來說，沒有被捉到就不會遭受制裁，但是，這樣的情形卻已經刻印在阿賴耶識中。若是想到人類一瞬間、一剎那的行為，皆會隨著生命的流轉而不斷地累積，那麼，我們每天的行為處事，應該要更為謹慎小心才是。

末那識、阿賴耶識是無始以來，不停地活動的自我根源，也是迷界的根本。阿賴耶識是迷途的根源，必須經由修行將其改變為「大圓鏡智」。所謂「大圓鏡智」是指如鏡子般的明亮清淨，毫無污點、不生不滅的本體。如果深入挖掘、探討我們醜陋的心，則內心深處會湧出無限清澈的泉水，那就是「大圓鏡智」。阿賴耶識只執取知道執迷的世界，所以，必須將阿賴耶識轉換為大圓鏡智，才能進入頓悟的世界。

何謂無念無想

在中國明朝修身養性的書籍《菜根譚》中，可看到下列之語：

徇欲是苦，絕欲亦是苦。

受到物欲的限制、束縛，實在苦不堪言，那麼斷絕物欲就快樂了吧！其實，要切斷物欲也是一件苦事。生活在吵雜的世間令人心煩，那麼住到山林，就清靜、悠閒了吧！但是，事實上又不是這樣。有首古時候的詩歌敘述：

> 討厭波浪的聲音而居住山林
> 但是卻又受不了松風的聲音

住在海邊會有令人厭煩的海浪聲，那麼住在山中就好嗎？那也不見得，因為風吹松樹的嘈雜聲音，也是同樣讓人無法忍受。總而言之，無論住在何處都是沒完沒了，人生根本無法脫離痛苦的束縛。

《觀音經》裡枷鎖難的經文中，對此有「或囚禁枷鎖，手足被杻械，念彼觀音力，釋念得解脫」的解說。「枷」是枷鎖，「鎖」是鎖鏈，「杻」是手銬，「械」是腳鐐，全部都是束縛自己的東西。束縛，就是剝奪自由。被戴上枷鎖杻械的人，的確無法輕易行動，無法逃走。而我們也是被很多東西綁住，如金錢、地位、孩子，還有其他所有的東西也都束縛了我們的心。《菜根譚》說：

> 纏脫只在自心。

「纏」是束縛，「脫」是解放、解脫。受外物束縛或解放自己，

這都是自己的心可以自行決定的，自己可以自我束縛，也可
自我解脫。若能覺悟，即使是沒有金錢、地位低微，也可以
使生活環境成為極樂淨土。即使是位高權重，若被金錢、權
力所束縛，那就無法過著平安的生活。如果能獲得真正的自
由，就算處在多麼骯髒的俗界，也能將其變成理想的佛界。
相反地，若是自己束縛自己，那麼即使是出家，也是和世俗
之人一樣。

　　雖是悟道的僧侶，一旦突然遭到魔性入侵，也會做出匪
夷所思之事。江戶時代，據說要成為曹洞宗大本山永平寺的
住持，必須有二千兩的黃金才可以。即使是出家之身，追求
名譽、地位的欲望卻與凡人相同。常聽人說色與欲是生存的
象徵，但是色、欲也有程度之分，權力也是如此。過度深入，
不知道適可而止，則會走向毀滅之路。《菜根譚》言：

　　花看半開，酒飲微醉，此中大有佳趣。

　　賞花時，觀賞半開的花朵，喝酒時，喝得恰到好處，有
點醉意，其中真有說不出的樂趣。想看盛開的花，想喝酒喝
到爛醉如泥，那都不是好現象。宴席上，醉酒前一刻離開，
是懂得飲酒之道的人。品酒之道要達到登峰造極，不是十年、
二十年就能達成。

　　人生唯有一次，但束縛人生的東西卻太多，要如何才能
去除人生的手銬腳鐐呢?《菜根譚》中對此有下列具體方法的

說明。

人生若能思考減少一些事物，即能超脫世俗。譬如，若
能減少與友人交往，即可避免煩心的小糾紛，若能減少
發言，即可避免犯錯。還有，若能減少思考，即可避免
消耗精神，若能減少故作聰明，即可保全天性。儘管如
此，若無每日努力減少一點、反而每日增加一點者，那
麼他即是自己以手銬腳鐐束縛自己一生的人。（今井宇三
郎譯註，出自岩波文庫本）

　　人生旅途中，重要的是任何事情皆需盡量減少一些，盡
量退一步想想。若是我們朝向盡量增加物欲方面前進，如希
望多賺點錢，希望地位比他人高些，希望娶漂亮的太太等，
那麼一生就會被束縛得無法透氣。
　　白隱慧鶴（一六八五至一七六八）被稱為臨濟宗的中興
之祖，他的著作《遠羅天釜》，也和《菜根譚》有相同的見解。

蓋有五無漏之法，妄眼勿視、妄耳勿聞、妄舌勿言、妄
身勿觸、妄意勿思時，混然本元一氣，湛然充滿眼前。

　　五無漏的「無漏」是指沒有淘汰、遺漏。「漏」指的是從
人的身體淘汰、遺漏的東西，是污穢不潔之物，所以，佛教
稱「煩惱」為「漏」。無漏即是沒有煩惱、已經覺悟。亦即是

不見、不聞、不言、不觸、不做徒勞無益的思考，以上是白隱內省觀照的方法。我們過著太多與此相反的生活，因此，如能遵守白隱的「五無漏」法則，心中一定會充滿本元一氣。

白隱、《菜根譚》，皆認為束縛自己的是那些什麼都想要一點的物欲。所以，束縛自己的，其實就是自己的心，是自己的心變成手銬腳鐐，使得自己痛苦不堪。

那麼，應該如何解放束縛呢？讓自己的心變空，讓自己的心成佛，打破喜歡、討厭、幸福、不幸、美味、難吃等一切的妄想，使我們的心如同天空光輝明亮的日月一般，如此即可解除束縛。或許有人會說，那些事凡人無法做到。其實，只要我們不斷地提昇精神生活，持之以恆，永不懈怠，就必定可以做到。

現代的社會，幾乎沒有人會朝夕磨練自己、提昇自己的精神領域，多數人都只是一昧的姑息自己。不但父母嬌生慣養，也受學校寬待，更受社會寬容。如何才能變得無心、無念無想呢？《菜根譚》中提出下列清楚明瞭的解答。

近來，人們雖尋求專心、無念無想（反而因此而雜念叢生），結果卻難以無念無想。只要能夠不惦記前念，不對後念戰戰兢兢，只要能夠接連不斷地處理眼前發生的事情，自然可以漸漸地達到無念無想的境界。（今井宇三郎譯注，出自岩波文庫本）

　　愈要求無念無想，反而妄念叢生，妄想接連不斷而來，不知如何是好？此時可以試著打坐看看。放心不下過去的失敗，無濟於事，擔心害怕未來，也是惘然，所以重要的是應該重視進行現在必須要做的事。在唯一的人生旅途上，只有連續不斷地處理目前應做的事情，才是達到無念無想的最佳方式。

何謂無心

　　無心是指不將心思放在任何地方，但不是精神恍惚、心不在焉。我們每天都將心思放在何處呢？有錢也停頓，無法前進，沒錢也處處行不通；用功也停滯不前，不用功也無路可走。所有的事情都令人擔心不已。無心就是停止擔心，這可是一件困難的事情，因為，從早到晚哪有不讓人掛心的事。雖說如此，我們必須要做到使自己不再擔心才可以。

　　據說，傳授柳生但馬守宗矩劍道秘訣的是澤庵禪師，而無心劍法也是由他教導，除此之外，澤庵和尚還發明了蘿蔔乾。他對於劍道秘訣的解說是，當二位劍士面對面時，絕對不可有任何心思。因為，若是想到對方的肩膀有機可乘時，心就被對方的肩膀束縛；想到對手的手腕有可乘之機時，心就被對手的手腕束縛；想贏對手，心又被贏所束縛。所以，他傳授「心無所在，遍滿天地」。這不是心不在焉，而是將氣力集中於一點，一擊即中，心無所思，就是劍道的奧秘。懂得劍道的人，到了最後，必定會了解，絕招是由掌握平時的

鍛鍊而創造出來的。

　　例如，宮本武藏所寫的《五輪書》，是一本貫穿日本思想史非常優異的書籍，宮本有如此傲世的著作，實在偉大。他十四歲時習劍，二十九歲在巖流島與佐佐木小次郎較量，三十歲棄劍，隱居於肥後（熊本縣）的岩戶山，仰天拜觀音，寫了《五輪書》，寫作生涯到五十五歲左右為止。此書沒有用到佛教的一句話，也沒有使用儒教的用語，更沒有利用劍道家傳書的文句，全部都是運用他自己親身體驗出來的言語寫出。

　　此書中強調人有二種眼睛，觀心的眼和看見的眼。看得見對象的是，一般人看見的眼；知道背後人物的舉止，以心觀看，是屬於觀心的眼，這是需要用心培養，才能練成。如果沒有鍛鍊此種觀心之眼，便無法樹立劍法。觀是世界觀、價值觀，佛教用語無常觀的觀，此字廣泛地用在各處，也就是可以見到無形之物的眼睛。宮本武藏的思想核心是「萬里一空」，所謂空，並非是空無一物，進一步說明的話，即是有無。世上存在著所有的東西，而且不斷地變動著。因此，必須以有無觀之，若是沒有用觀心的眼觀看，便無法了解空的意義。

　　佛教的根本思想是空，是實踐無心，是不固執，這是禪的第一義諦。禪的目的是隨時隨地可以掌握自由的主體，也可以說是掌握實際的存在。若以現代哲學用語的意思定義實存，恐怕會引起誤解，簡單地說，就是牢牢掌控住自己本身

所在的場所。自由不是放縱，而是確實固守掌控自己所在之
處，並且，過著以自己為主體的生活。臨濟曾說:「一般人都
過著受到外界牽制的生活，其實，我們應該隨時隨地以自己
為主體，所到之處也應使自己成為主人翁。」

　　一年當中，我們都生活在為工作忙得團團轉的日子裡，
天天忙得不可開交。但是，禪者是利用十二小時的時間，而
不是被十二小時所利用。看著時鐘，我們總是被時間追趕，
我們的生活總是受到時間的限制，而不能像禪者那樣，自由
運用時間。臨濟說使用十二小時之事，指的是成為時間的主
人，自己變成主體，運用時間。換句話說，就是不管何時何
事，都應全力以赴，但是，我們卻做不到。開始用功時，就
想要玩，遊玩的時候，卻想要用功。其實，只要遊玩時盡情
玩，用功時專心用功即可。因此，臨濟教導我們，無論穿衣、
吃飯，隨時隨地都必須讓自己成為主人翁。

山是山，水是水

　　正受老人是江戶時代臨濟宗中興之祖白隱慧鶴（一六八
五至一七六八）的師父。正受老人是別號，本名為道境慧端。
傳聞他是信州飯山松平遠江守的庶子，實際上，他是真田伊
豆守信之的小妾之子。真田昌幸是正受老人的祖父，幸村是
其伯父。道境十三歲時，有位禪僧向他說:「你有觀自在心，
應該要參拜。」

　　道境聽了以後，日夜思考，站著時就忘了坐，坐著時就

忘了站，有時也會忘記就寢、飲食，而一直鑽牛角尖。據說十六歲的時候，為了招待客人，端著食膳欲上二樓時，由於太專注於擔心的事情，以致不小心從樓梯上跌落下來，一時失去知覺，後於甦醒之時，竟豁然大悟，不但觸摸觀音像，還下意識地拍手大笑，此事即成為他立志出家的轉機。十九歲時，在江戶的東北庵與大禪師至道無難相會，而成為他的弟子。

　　正受老人的師父至道無難，以簡明易懂的方式說禪，寬文六年（一六六六）著有《假名法語》。至道和正受相同，皆不愛權勢，一生未曾住過大寺，一直居於民眾之中宣揚禪法。至道無難的《假名法語》中有許多詩賦，其中有一首題為〈草木國土悉皆成佛〉的詩歌：

　　無草木無國土
　　亦無所謂之佛

「草木國土悉皆成佛」是指草木、國土雖然無心，但卻有佛性；意謂心、物及所有萬物皆能成佛，這是根據原來大乘佛教經典之一《涅槃經》的思想而來的。就中國佛教來說，則是結合萬物一體觀的獨特概念，將自己與客觀的世界視為一體不二，顯示出萬物平等的真理，強調山、川、草、木也是佛的樣貌。

　　對於「山川草木，悉皆成佛」的思想，至道無難則斷言

應是「無草木亦無國土」；對於天台宗、真言宗等，以哲學式
的「草木成佛」的教導方式，他並不以為然。因為佛性普遍
存在於人類、自然一事，是無法以哲學方式探究的，只能用
心理解。所以，對無難而言，最重要的事情是以身體來體會
悉皆成佛之義。無草木、無國土亦無佛，才是這首詩歌的主
旨，他是想從絕對否定的方面來捕捉「草木國土、悉皆成佛」
的意義。

　　儘管草木和國土都是確實存在於現實之中，那麼，認為
這些不存在是代表什麼樣的情形呢？就是草木、國土、佛皆
是有無。雖然以「有無」來表示，似乎是非常矛盾，但是，
因為我們身在無法以其他適當的言詞來說明的世界，所以只
能勉強地使用這樣的說法。另外，也藉用西田幾多郎博士所
使用的「絕對無的場所」來說明，他說：

> 以宗教意識而言，即是吾人自身之身心脫落，與絕對無
> 之意識合而為一。此處非真亦無偽，非善亦無惡。所謂
> 宗教之價值，即是否定價值之價值。（《一般人的自覺體
> 系》一七七頁）

　　絕對無的場所，即是宗教的意識。可以說這是在宗教意
識，首次使用身心脫落一詞。身心脫落不是指喀嚓一聲切割
成兩半，而是將心和身兩者合而為一。若將心和身、自己和
自然分成二個的話，是難以分別的。身心脫落是指看到自己

的本分，而看見自己的本分是指否定自己。宗教的立場應與
倫理道德的立場隔絕。就倫理道德來說，有善有惡，而宗教
的立場卻是無善亦無惡。以下是西田幾多郎博士的說明：

> 透徹真正絕對無之意識時，其處無我亦無神。且其為絕
> 對無，故山是山，水是水，原本即如此。（《一般人的自
> 覺體系》一八二頁）

　　若是以絕對無的立場而言，那裡是既無我也無神，更無
佛。絕對無的作用，其實就是佛的形貌。以期山是這山，水
是這水，這也是佛的風貌，也可以說是自然現象。秋天一到
楓葉紅，春天一來百花開，草木也有這樣的情形。此種自然
現象，若確實是佛的形貌，那麼所有的山川草木皆可成佛。
　　如此一說，會引發疑問吧！山是山，水是水，對於實際
上就存在的事實，為何還要提出絕對無、無相、佛等毫無必
要之物呢？的確以凡夫之眼來看，山也是山，河川也是河川，
實在沒有必要提出佛之相貌之事，但是，其實這樣的想法是
錯誤的。我們無論是看人、看山、看草木，一定是以自己的
眼光，選擇對自己有利的角度來看。所以至道無難說：

> 以己眼觀人，愚人之見，不堪設想。若於己有利，也以
> 此心見之他人。色欲深，以色視之，人非聖賢，真實難
> 見。

　　一般人皆以自己的立場、自己的力量觀察他人。自己一生利欲之心後，即以此心揣度他人；而色欲深的人也容易推測所有的人皆是色欲的俘虜。以自己的立場看人，是凡人的看法，所以即使是看山、看河川，也絕對無法看見真實之相。由於我們是透過自己的角度去看，以致於看不見真相，看得到的只是對自己有利的部分。佛則非如此，若能使自己成佛，即能如實看見，看得到真實之相。

溪聲是佛聲

　　從整個日本思想史來看，開創福井縣永平寺的道元（一二○○至一二五三），可以說是空前絕後、卓越超群的宗教者、思想家。他一生否定名利，專心求道。為了指出唯有只管打坐（一心一意貫徹打坐），才是真實的修行，而以下列之事教導弟子。

　　他告訴弟子們在《續高僧傳》中的一段故事。他說，有一位僧人十分崇敬金佛和佛舍利，經常燒香禮拜。有位師父見到這樣的情形，就告訴他：你拜那些沒有用，還是丟了吧！僧人聽後憤慨不已，氣沖沖地要離去時，師父又說：打開放有佛舍利的箱子看看。僧人憤怒地打開箱子一看，裡面竟是毒蛇。他以此例提醒弟子們，若是認為只要誠心禮拜就能悟道，這是錯誤的想法。或許禮拜佛像可以得到功德，但是，那不是真正的覺悟。若是如此，那麼應該要如何做，才能真正得悟呢？道元堅信唯有「只管打坐」才是真實的修行。

　　道元將貫徹專心打坐之事稱為自受用三昧。

　　　人若能一時標示佛印於三業，端坐三昧時，遍法界皆成
　　　佛印，盡虛空如同得悟。（《正法眼藏辨道語》）

　　意思是說，人若能夠正身端坐，安住自受用三昧，如此
一來，身心皆是現成之佛，所住的世界，也全部變成覺悟的
世界。「三業」是指身、口、意，在此處標示佛的心印，變成
佛的形貌，端坐於三昧。但是，這與只是精神恍惚地打坐有
如天壤之別。「若能一時」指的並非是時間的長短，也不是要
以一時即無量劫、一瞬即永遠，這樣無意義的解釋來說明，
更不是說只要短暫的時間坐禪就可以，這是指打坐的方式而
言。打坐時間的長短不會增減其價值，坐禪本身的價值是不
增不減的，與時間的長短沒有關係，所以才以一時來表示。
「遍法界皆成佛印，盡虛空如同得悟」則與「大地有情無情
皆同成道，草木國土悉皆成佛」相同，皆指世界是覺悟的現
成世界，皆成佛的風貌。如此的自受用三昧中，如何顯現出
客觀界呢？

　　　又，心境靜中證入悟出，達自受用境界，一塵不染，一
　　　相不破，廣大佛事，皆為甚深微妙之佛化，佛化之處，
　　　草木、土地皆大放光明，得甚深妙法，無窮無盡。

「靜中」即是自受用三昧，而自受用三昧中之心（主體）和
境（客體），無論在何處都不會改變。眼睛看見色彩，耳朵聽
到聲音，雖是主客相對，在自受用三昧中卻不會留下痕跡，
所有的事物皆是證、皆是悟。一塵、一相也是不改原貌，絲
毫未變，顯現出微妙佛化的功能。道元將此風光以下列的詩
歌表示：

峰色、溪聲，皆為
我佛釋迦牟尼之聲與形

若將詩歌詞中的釋迦牟尼換成佛陀，那麼山河大地、山川草
木全都變成佛的形影，山谷河川的聲音、鳥的叫聲也全都變
成佛在說法的音聲。

　　如此一說，或許會有人認為所謂覺悟就是什麼也不做，
其實不是這樣。再說，若以山川草木之形皆為佛之形貌等，
也許又會被認為是以泛神論的立場，強調神皆存於萬物之中。
道元嚴厲批評這樣的看法，他認為山河大地、日月星辰全是
佛之形影、見山河即是見佛的這些想法，是不懂佛法之道者
的說辭，所以激烈地否定泛神論（《正法眼藏》〈四禪比丘卷〉）。

　　要談自然是佛陀之相，須有條件，那就是先前所敘述的
自受用三昧。只有在「人若能一時標示佛印於三業，端坐三
昧時」，山川草木才能全部變成佛陀之相。如果欠缺這個條件，
只是漫談山川草木皆是佛陀之相，那麼，這就是邪魔外道的

想法，堅持此種想法，將會落入實踐上的自然主義中，而走向墮落之道。因此，首先必須先使身口意三業成為佛陀之相，然後端正身體。而最端正的姿勢即為禪坐之相、合掌之相。禪坐之相可以說是人類所有的姿勢中最為優美、最勇敢雄壯的，不僅是面臨天崩地裂也無動於衷之相，同時也擁有任何權勢皆不可侵犯的威力。而且，合掌之相也是非常優雅動人，兩手合掌時，便不能喧嘩，不能毆打對方，所以，合掌也是和平、仁愛的姿勢。

至誠之用

　　明治初年（一八六八），擔任鎌倉圓覺寺宗長的蒼龍窟今北洪川先生，曾經說過唯有合掌和一心稱念，才能表現出至誠至高地佛陀之相。他以前住在岩國永興寺時，為了藩主吉川監物而著作《禪海一瀾》一書。洪川老師起初是學習儒學，不久之後出家，跟隨京都相國寺的大拙老漢參禪，修行的歷程備嘗艱辛，更奉師命在備前曹源寺棲梧儀山的座下，接受印可，證明他已經悟道。當時的時代盛行排佛說，而《禪海一瀾》卻是倡導儒釋一致，並依據佛教的思想來解釋儒教的詞語。洪川老師更以禪的立場，提倡《中庸》中的「至誠不息」。實際上來說，至誠之用顯現出萬物之所成，流行不止。這裡可用以下比喻來說明。

　　譬如，鳥於春天鳴叫，雷於夏天打雷，蟲於秋天鳴叫，

風於冬天呼嘯。如此毫釐不欺，而且循環不息。不息以
致悠遠，悠遠而致高明。此又為何？唯學者回歸自己而
自得。

春夏秋冬，每個季節皆會各自出現適當的至誠之用，如
春天鳥鳴，夏天打雷，秋天蟲鳴，冬天木枯風寒。這是天地
自然之理法，循環不息地運行。此自然之理法循環運轉不息，
絕不會稍有停滯，所以，稱此天地自然之理法為至誠之用。
由於至誠的功用，永不停止，所以才能「悠遠」。

如何運用此至誠的功能而求自得呢？對此，求道者須先
將主角換成自己本身，而後才能求自得，因為向外界尋求，
是不可能得到至誠之用。只有在照顧腳下時的至誠功能，才
是真實可求。

洪川老師在明心見性之後，探討、尋求、琢磨至誠一語，
並將得到正念工夫相繼不止的力量的過程記錄下來。據說，
他是為了報答接受至誠之德的教化與得道之恩，所以才編述
《禪海一瀾》。

《禪海一瀾》（顏回第九則）中記述著：

至誠、至仁、至道皆是同實異名，其體虛，因而流行不
息。流行不息即是實，以實為虛，以虛為實。遍照天地
而無盡，彌綸六合而無缺。

至誠是至仁、是至道。至誠之用充滿於天地之間。同書〈盡心第十二則〉記有：

> 曰天、曰佛，曰道、曰性，曰明德、曰菩提，曰至誠、曰真如，乃一實多名。此物生於天地之先，貫穿古今、現在如常。論其體，則為妙有真空、圓明寂淨，成為廣大不可思議者。

在時間上，至誠生於天地之前，在空間上，則貫穿古今至現在。

至誠的本體是妙有真空、圓明寂靜、廣大精深，只持有凡俗智慧的我們，豈能有所理解。古賢聖哲皆以此「至誠」來齊身治國平天下。雖然「至誠」在現代如同被遺忘之語，不受重視，但是，我們必須要下定決心，重新恢復此至理名言的生命。

自由與自在

《臨濟錄》是一本深入了解中國禪宗旨趣的教科書。曾擔任京都大學教授的西田幾多郎博士曾說：「如果要從佛教書籍中選擇一本書，那就是《臨濟錄》。」由此可見，這是一本不朽的名著，作者名為臨濟，九世紀時代之人，活躍於河北省，以尋求、研究人類的自由是什麼為目標。

何謂人類的自由？以歐洲思想史而言，在基督教神學中，

所開展的辯神論有謝林的《自由論》，謝林是屬於德國觀念論
的人士，探討有關自然之神。從基督教的思想史來看，這是
一本提到眾神之中也有惡神的書，是一本有著獨特內容的著
作。在東洋思想史中，以探討研究何謂自由的書籍而言，《臨
濟錄》可以說是最精彩、最值得閱讀的書。

　　此書記載臨濟年輕時的回憶，他敘述當時為了宗教，十
分苦惱、煩悶；對於要學禪還是學些什麼，猶豫不決，因而
經歷了一段精神上非常不安的時期，最後跟隨黃檗而開悟。
他的思想是以「無位真人」為主，何謂「無位真人」？我們每
個人都有「位」，大學裡，有所謂學生的位，或是有所謂老師
的位；公司裡，有總經理、經理、課長等職稱的位；對孩子
而言，父母擁有父母親的身分地位，對父母親而言，無論在
何處，孩子總歸是孩子的身分，人永遠無法離開名位。

　　日本人尤其重視頭銜，名片上一定要有頭銜，若是一時
疏忽而相信那些頭銜，可能會發生嚴重的事情。什麼什麼大
學畢業，也是一種頭銜，每個人都擁有頭銜。臨濟所希望的
是必須將這些頭銜全部剝奪後，才能看出真實的人，因為人
有了頭銜，就好像有了偽裝的外表。現在也有不道德的僧侶，
如果沒有捐獻很多錢，他們就不會為亡者取法名，其實人死
寫個「無」，也是很好，可是，人死了都還要「位」，更何況
是在世呢？所以只有打破這樣的東西，才能真正看清人。

　　以上是強調我們都過著虛飾、偽裝的生活。以女人來說，
各式各樣的化粧，也是一種裝飾；卸粧之後，恐怕會讓人嚇

一大跳。以男人來說，會用各行各業的頭銜、權力、財力來
武裝自己。若是從前面去看某人，必然看不清其真實的一面，
若是從背影來看，反而意外地可以發現其真實的另一面。有
人說：「那個人從前面看，看起來很有精神，但是，從後面看，
卻看到落魄的情形。」其實，背影所顯示的才是真正的實際情
形，前面所顯現的則是已有裝飾過的外表。像老師就會將自
己武裝，課堂討論時，會採取一種希望不要被問及太深入問
題的態度。其實，問些深入的問題並無不當，因為，用功的
老師會覺得，就是被問倒了也無妨，即使當場無法回答，也
可以說：「下週再告訴各位。」深入問題發問，本來就是理所
當然的事情，學習愈多，自然不了解的地方也多，這並沒有
什麼，只是人們總會採取希望不要深入發問的態度。只有全
部捨棄這些虛飾，才能看出人的本性。

　　臨濟說法時，會講些什麼呢？他的講話方式是先說：「在
我眼前聽講的各位，只有你們才是真人啊！你們雖然不行，
但是也不是本來就不行，其實你們與佛的形貌相同呀！」他說
為了想去極樂世界而念佛，想祈求利益而拜諸佛菩薩群像，
這樣做不但到不了極樂世界，反而會墜入地獄。念佛而希望
生在極樂世界等，這些不是宗教所追求的目標，而是功利主
義。因為，即便是念佛、即便是禮拜諸佛菩薩，臨死時還是
會死的。所以臨濟解釋：「佛在哪裡？哪裡也沒有，你們就成
為佛好了。」這可說是一項劃時代的思想革命。

　　當時，一般的哲學者、宗教者，以哲學方式思考，說佛

是在極樂世界，佛是怎樣的形態，雖然眼睛看不見，卻是如此的尊貴。而臨濟則說佛不是如此，他說今天、現在聽著我講話的各位，你們每一個人都是佛，你們必須掌握這個重點，讓自己的身體去體會。以當時的思想史來看，我認為這簡直可以說是一項革命性的思想。

「信」是什麼

接著讓我們來想想禪學中的「信」是什麼？這與基督教的信仰十分不同，並非是指信仰什麼對象，而是將自己放置在自己所建的根基上。道元的《學道用心集》中有以下的敘述：

修行佛道者，須先信佛道。信仰佛道者，自己之根源須在道中，應確信不迷惑、不妄想、不顛倒、無增減、無誤謬。產生如此信仰，明白如此佛道，依此而行，乃學道之根本。

此文是說明何謂學「道」之根本。修行佛道，首先要信仰佛道，「信仰佛道者，自己之根源須在道中」這即是「道」，天下的大道也可說就是佛道，因為自己本來就生活在道中。而「不迷惑」指的是我們有迷惑，但是，雖有迷惑卻不執迷，即使迷惑也不出「大道」之外。即使有不正的行為，也是不出「大道」之外，所以是不增、不減、沒有錯誤。雖是有錯

卻非犯錯，正確地說就是儘管有錯，然而卻不是謬誤。必須產生這樣的信仰，明白這樣的「道」，才算是了解學道的意義。

簡單地說，道元所講的宗教，也可說是在「道」的中間行道，或者是證道。只有活在「道」的真諦中，才是必要的修行，那麼若是已在「道」的真諦中，是否就不需要修行？也不是這樣，因為修行是生活在「道」中的證明。所以唯有生活在「道」的真諦中，才是發心，才會有想要求道之心，這是道元的想法。因此道元的佛法，就是生活在「道」的真諦中而修行證「道」。

如果以一般佛教初步階段的說法，是認為人所擁有的自己是迷失的自己，必須依靠修行才能達到開悟的佛道境界。但是，道元不以為是這樣，他認為人原本就在道中而且是在修行證道，他人如此，自己也是如此，都是一起在道中修行佛道；所謂自己和他人是絕對不同，是絕對的孤立，同時是由於有絕對的愛才會結合在一起。道元對於佛法的此種見解是重要的。因為已在絕對佛的生命之中，修證行佛的生命，所以沒有必要祈求覺悟。這也因此開啟了他與親鸞共通的世界。

譬如親鸞在《歎異抄》中說：

念佛即朝淨土前進，即使因業障而墮於地獄，無論如何亦不可停止。即使遭法然聖人放棄，念佛而墮落地獄亦絕不後悔。

念佛或許是生於淨土之因，或許是墮落地獄之因，總而言之，這都不重要，法然叫我們念佛，我們就念佛，所以，即使是念佛會掉進地獄也絕不後悔，因為我們有皈依法然的決心。若是現在的徒弟，一定會說：「師父說的全是謊言，如果是去地獄，就絕對不念佛，如果是去天堂，那還可以試試看，假如真的可以去極樂世界，那麼師父所教導的一切都是正確的。」兩相比較，即可了解到，這真的是完全相反的想法，完全不同的世界。

　　道元的表現方式是那樣，親鸞的表現方式是這樣，包容不同的表現方式，才是人與人之間應該有的根本關係，可是，到了現代卻完全不同。現在，人與人之間的關係，首先是從懷疑對方的話開始。學生認為老師的話中有假，所以他們的關係就從對此事追根究底開始。兩者相比，簡直是天壤之別。

　　再將話題移轉到《正法眼藏隨聞記》：

　　吾心思善亦思世人之善，此事未必是善。然應忘眾人並捨吾意追隨佛教。（卷二）

捨去善、惡、那樣、這樣等的說法，直接追隨佛教，即是佛教所說的「隨順」。能夠真正做到「隨順」是非常了不起，可是人類總是不能隨順。因為自己能夠真的做到「無私」，才能隨順。現代，隨順這句話已被遺忘。從以前開始，在禪林之中，師父的命令要絕對遵從，師父的話絕對要聽，即使令人

十分生氣，還是要聽從，能做到這樣，就能了解師父是成就、造就自己的人。例如道元的師父如淨（一一六三至一二二八），以其思想上來看，並無特別顯著的特色；如淨的語錄與《正法眼藏》相比，思想上幾乎沒有什麼關聯。然而如淨卻造就了道元，道元成熟的言行，可以說和現實中如淨的言行是完全一致的；道元如此信服如淨，就如同文字上所表達的一樣，證明道元的無我。道元將自己投入在如淨的言行中，即是證明道元無私、無我、不執著自我的實證。若無這些，不僅是佛教，廣泛而言，連人與人之間的關係都無法成立。《正法眼藏隨聞記》中還有：

> 學道須離吾我。……離我即是將自我身心拋向佛法大海，愁苦皆隨佛法修行。（卷五）

在此可以看見道元將自己投入佛法中的身影。親鸞也說，既然祖師法然要我們念佛，所以即使會落入地獄也不後悔。這正是放棄自己的一種表現，然而在完全放棄自己時，反而可以發現強而有力的自己。

> 所謂用心學道，即為捨棄我見、我思，全依師言、聖教之言。此心即為學道之第一典制。（卷五）

如果自己的想法與師長之言、經典之言有所不同時，應該改

變自己的想法，遵循師長、經典之言，唯有如此才能達到絕對皈依、捨棄自我的精神。

禪的四大特色

中國禪的思想特徵是不立文字、教外別傳、直指人心、見性成佛。

不立文字在哲學上來說，是超越概念的智識。超越有、無等，以及論理上的思考，因此禪不依賴經典，也不依賴概念。

其他佛教宗派的教學，全部是以經典為中心，而禪除了教理之外，又有傳授其他；所以反過來說，可以活用任何經典，不會受到一部經典的約束，這就是教外別傳。

直指人心的意思是說，人心本來是清淨的。盤珪曾說人心如鏡，照著乾淨的東西，就出現乾淨的東西，照著不淨的東西，出現的也是不淨，他的這些話經常被引用。但是，照出不淨的東西，不會減少鏡子的價值，照出乾淨的東西，也不會增加鏡子的價值，這是《般若心經》所說的不增不減，也是人類的本來面目。

見性成佛中的性是指佛性，意思是說，我們若能見到原本擁有的佛性，就能成佛。或者也可將「見」視為「顯現」而不是「看」，如此一來，我們只要將原本擁有的佛性顯現出來，就能成佛，這就是見性成佛。這也是禪宗所揭示的宗旨，因而成為中國佛教的主流。

　　中國的禪宗是巧妙地融合了從印度傳來的釋迦牟尼的禪坐，以及佛教的般若智慧和中國的老莊思想而成。因此，禪宗並非直接來自印度的佛教，所以見性成佛在印度行不通。印度有輪迴的觀念，因而認為現世覺悟是絕對不可能的事，必須歷經數度生生死死，才能一步一步接近佛。現在的印度，仍然有餓死之人。由於現世如此悲慘，只好期待來世、再來世，能有美好的世界到來。有位唯物史觀的學者說，輪迴是從印度貧窮困苦中所產生出來的思想，這也是一種合乎常理的看法。

　　中國人是徹底的現世主義者，輪迴的觀念進入中國後，中國人非常驚訝。受到因果報應觀念的脅迫，知道若是現世一旦做了壞事，死後會下地獄；於是希望有杜絕此事的方法出現，而這個杜絕的方法就是禪宗、淨土教。淨土教說，人死後可以前往極樂世界，禪宗則提出現世開悟的辦法。所以，印度的佛教和中國的佛教截然不同。淨土教是在中國茁壯成長的教派，在斷絕輪迴的意義下，禪宗和淨土教都發揮了相同的作用。

　　《景德傳燈錄》是以收錄中國禪僧的系譜、傳記及言行等為主。關於最重要的見性成佛，則可以參考《景德傳燈錄》卷四中，雲居智禪師的一段回答：

　　問：何謂見性成佛？師曰：清淨之性，本來湛然，無有動搖。不屬有無淨穢長短取捨，體自翛然，是如明見，

乃名為見性。性即佛，佛即性。故曰見性成佛。

「何謂見性成佛?」弟子問，顯現自己的本性而成佛，究竟是怎麼一回事呢? 雲居智禪師針對此問題回答「清淨之性，本來湛然」，這才是大圓鏡智。人所擁有的純潔之心，並非是時間上的存在，而是原本就湛然清澄。以哲學用語來說，「本來」是先前的「先驗性」(a priori) 的意思……但是，又不太貼切，「本來」可以說就是「本來的自己」。「無有動搖」是指不增不減。「不屬有無淨穢」意思是說與有、無、乾淨、污穢沒有關連;「不屬」和「有無淨穢」、「長短取捨」放在一起，指的是無關長、短、取、捨的問題。「體自儼然」是表現本體自行儼然的樣子。「是如明見，乃名為見性」是指看見自己的本性，顯現出自己的本性。「性即佛，佛即性」說的是本性即是佛，而佛即是本性。「故曰見性成佛」是說這是無須懷疑之事。《華嚴經》也說:「有生命者皆持有如來智慧」，禪宗則以「見性成佛」貼切地表達了經典的要義。

莊子與禪

為了能更加理解中國禪的思想特質，再提出《莊子》作為補充說明，我認為思考中國禪時，也必須考慮印度教的「禪定」和莊子的思想。三十四歲即英年早逝的鬼才──前田利鎌氏的名著《宗教的人間》中，有討論莊子思想和臨濟(?～八六七) 思想的關係，我非常認同他的看法。

　　莊子思想對於禪宗思想有相當大的影響，只是莊子與禪宗有絕對不同之處。《莊子》中有「天地一指也，萬物一馬也」（《齊物論》第二篇）之語，「天地一指」是說天地萬物皆可以包含在一指之內，以此宣揚「一」的想法。老莊思想中有一種根源性「一者」的傾向，例如老子《道德經》宣揚的是「道」，道為何物？道是萬物的根本。這是一種發出論(emanatio)的思考方式，從「道」而引出一、引出二、引出三、引出萬物。以歐洲哲學而言，希臘的普羅提諾斯哲學也是如此，宣揚的是「善一者」，與老莊思想有相似之處。所以某種程度而言，應可預想得知何謂根源性的「一者」。

　　可是，禪宗的情形，是要杜絕這種立場、想法。唐朝有位俱胝和尚，弟子們問他：「何謂佛之生命？」「何謂達摩東渡之根本精神？」「人生之生存根本為何？」等等，對於這些各式各樣的問題，俱胝總是默默無言，只舉出一隻手指頭，而不想用言語回答。跟隨俱胝的一位小僧就模仿俱胝的動作。有一天，一位外客來訪，問道：「和尚說了什麼法嗎？」那位小僧馬上舉出一隻手指給他看。和尚聽到這件事後，拿著刀隱藏起來，喚來小僧，一問他同樣問題，小僧立刻舉起一指，突然，和尚舉刀斬下那隻手指，小僧痛得嚎啕大哭。正當小僧要離去時，和尚喚回小僧，又問他相同的問題。小僧回頭一望，正當他看到俱胝舉起一指時，剎那間也想舉出一指，但是，看見俱胝的手指，才發覺自己的手指已經沒了。突然之間，小僧體會到這隻手指、「一指」的意義。這個故事出自

《無門關》第三則，依照禪宗師承的說法，雖有各種說明，但是，不要拘泥於那些說明。若以思想史來觀察，禪宗否定了「一者」的觀念。由於「一者」不是真實之物，所以否定與自己對立的一者或是否定包含自己的一者，因為只有自己才是唯一的自己。

若將此和歐洲的思想史比較，基督教無論是在何處都宣揚絕對者，也就是宣揚「神」，以及宣揚與其對立的人類，而介於兩者之間的「仲介者」是基督，所以人類無法變成神。因為神是絕對者，所以神永遠是神，而人類是相對者，是相對的存在，而相對是無法成為絕對的。「永遠」對佛教、對基督教而言，都是一種問題，這一點非常有意思。基督教認為「永遠」不是時間上的存在者。既然不是時間的存在者，那麼時間又是什麼？佛教認為時間是「無常」、「變化」。所謂「永遠」並非是指時間上的存在，基督教的理念即是建立在此觀點上。

佛教、禪，絕對不會贊同根源的實存者的觀念。在人類中找出根源上的一者，是禪的思想，禪所宣揚的不是外在的、與自己對立的絕對的他者，而是自己內在所存的根源性的一者。雖然贊同此種觀念，但是，最後也是予以否定。《莊子》與禪的最大區別就在此處。初期的禪宗以何謂「一」為問題，那麼一指的「一」又是什麼？那是「無相」（即是無形），初期的禪宗語錄說「一」就是「空」。如此說來，禪宗的宗旨與《莊子》也有相通之處，而以「一指」為空，實在是非常有

特色。

　　《肇論》是依據《莊子》思想而寫的書籍，其中提到「天地與我同根，萬物與我一體」，這句話表達了中國人的自然觀。天地與自己一體，萬物與自己一體，這在《莊子》中指的是覺悟的境界，覺悟的境界進一步證實了萬物一體的想法。

　　將此和發源於希臘的歐洲思考法比較，其實更能掌握這引人注目的東方思想。因為，歐洲方面堅決認為存在與自己對立，與人類、與主觀對立。外在的存在全部都與主觀對立，受主觀的影響而改變，而被利用。換句話說，就是為了服務人類而存在。以這樣的觀點才發展出自然科學，總而言之，自然為人類所征服，自然是為了服務人類才存在，正因為如此，才出現近代文明。《聖經》中也有記述此事，新教的牧師也有說過，豬、牛是為了成為人類的食物才存在，牠們為了維持人類的生命而犧牲奉獻。但是，從《莊子》開始的思想，卻否定斷絕這二者的想法。那是如何發展的呢？無論身在何處，自己皆在自然的內在中，因而以自己與自然一體的形式來開展，這也是北宋蘇東坡（蘇軾，一○三六至一一○一）的思想，蘇東坡曾言「溪邊盡是廣長舌，山色無非清靜身」，亦即是「川谷之音亦是佛之說法，山色、山形皆是佛之形貌」之意，這在日本，即如同道元詩歌中所表達的一樣。

　　　峰色、溪響，皆為
　　　我佛釋迦牟尼之聲與形

　像這樣凝集為詩偈的尚有下列的詞句 ── 「草木國土悉
皆成佛」，這是日本人所創造出來，形容美麗動人之自然景觀
的文句，雖然無法確定出自何處，不過這實在是非常動人、
美妙的詞句。

第三章

禪者的生命取向

生死事大，
無常迅速。
心勿鬆懈。
若能捨世，
確實應捨世。

毫無佛法

　　曹洞宗的開山祖師道元，曾經到過宋朝，在如淨禪師的教導之下大徹大悟。當時的情況是如淨在巡堂時，看見一位僧人在後夜坐禪時睡著了，於是嚴厲地用香板拍打僧人的肩膀說「參禪必須身心脫落，只管打睡如何能成？」正在身旁打坐的道元一聽，豁然開悟，立刻前往方丈室（住持所在之處）燒香禮拜，並呈上自己開悟的見解，終於得到如淨的印可（師父承認並證明弟子已經修行得道），而完成一生參學的大事。

　　道元在天童山如淨的門下完成一生參學的大事後，繼承如淨的衣缽，於寶慶三年（一二二七）步上返鄉之路。

　　道元帶了什麼回國呢？以前平安時代初期，傳教大師、弘法大師帶來中國的天台宗、真言宗，又傳回許多的經論章疏；然而道元卻肯定地說，他是空手還鄉「毫無佛法」（《永平廣錄》第一）。因為無論拿什麼回來，都無法全然顯現佛法。佛法和自己並非對立，是兩者合而為一，所以才能說是空手還鄉。由於傳回日本的不是佛教的經論，而是將佛法的生命以栩栩如生的人格方式帶回日本。「毫無佛法」一語中，正是跳躍著佛陀的真實生命。

　　「佛法」不談「得」，如同《般若心經》的「無智亦無得」，因此佛法之中沒有「得」，所以空手還鄉。道元得到的只是認得眼橫鼻直，眼睛是橫長著，鼻子是直立著，如此而已。有人會反駁說，難道這不是理所當然的嗎？然而，一次絕對否

定眼橫鼻直的結果，是必須再一次的肯定。就好像是太陽從東邊出來，月亮由西邊下去，五更雞鳴，四年一次閏年一樣，這是不變的真理。

我們認為確實存在的這個現實世界是有限的，而相對的無所得的世界是無限、是絕對的。

杜鵑啼、山竹裂——自受用三昧

寶慶二年春天三月的某個夜晚，如淨僅以「杜鵑啼、山竹裂」作為入室之語，而大眾對此，竟然都是無言以對。道元將當晚的光景描寫如下：

> 此夜微月薄光照樓閣，寂靜之夜僅聞杜鵑啼。(《正法眼藏》〈諸法實相卷〉)

在天童山的茂密森林中，只聽到杜鵑的啼叫聲和山竹裂開的聲響。如淨依實以「杜鵑啼、山竹裂」來形容如此的景象。但是，並非只指杜鵑在宇宙空間中啼叫而已，真正的含意是全宇宙都凝聚在杜鵑的啼叫聲中。因此，僅以杜鵑啼叫一事隱喻，為全宇宙開示之意。

> 天空飛去時，鳥亦飛去。
> 鳥飛去時，天空亦飛去。(《正法眼藏》〈坐禪箴卷〉)

道元以此文道破這個內情，鳥飛去時，天空也飛去，是說明絕對時間、絕對空間，不受時間、空間的限制。鳥在天空飛翔，只是一種概念，僅僅是知的分別而已。知識只有在有限的世界、製造出來的世界、想像的世界、分別的世界，才能理解。因此，像這樣的分別知，是無法接觸真實事物。

　　《正法眼藏隨聞記》是以前和辻哲郎博士寫「沙門道元」所根據的書籍，在此書中，彷彿可以直接聽見道元的聲音。

　　　見，竹聲悟道、桃花明心。竹豈有利鈍、迷悟。花何有
　　　深淺、賢愚。花雖年年開，人卻非全得悟。竹雖時時響，
　　　聞者卻非皆證道。僅以久參修持之功，得辨道勤勞之緣，
　　　而明心悟道。

道元求法之心甚深，經常讚嘆香嚴和尚擊竹、靈雲和尚的桃花機緣。想像一下，香嚴和尚掃地時，在竹林中倒垃圾的世界，是什麼樣的情景呢？我們這些凡夫的眼睛，看不見真實的世界，我們只是身在虛妄的世界中，卻錯認那才是真實的世界。

　　在日本佛教史中，我認為有許多優秀的佛教人士見過真實的佛法。從曹洞宗的開山祖師永平道元的眼光來看，實際上看過真實佛法的是道元。無論到哪兒，道元總是堅毅不拔、努力地不斷解說自己已經到達這個境界，自己確實見到真實佛法的情景，結果創作了《正法眼藏》九十五卷。道元從宋

朝回國後，為了立刻宣揚自己的宗教立場，不僅著作《普勸坐禪儀》，又出版《正法眼藏辨道話》。這本《正法眼藏辨道話》可以說是表明道元正傳佛法立場最基本的書。

　　道元在《辨道話》中說明真實的佛法，其中最核心的部分是從「宗門正傳緣由」開始的一段。從釋迦牟尼佛傳到達摩祖師，再到六祖慧能，又從道元的師父天童如淨傳到道元，所傳承的都是「至高無上」的佛法。這是只管打坐、身心脫落的佛法，而不以燒香、禮拜、念佛、修懺、看經的方式修行。身心脫落的本體可以稱為「自受用三昧」，在自受用三昧的世界裡，全世界的國土、山川草木、鳥獸蟲魚，都可以經由真實佛法不可思議的力量，進入悟道的世界。如此說來，好像說的是莊嚴的極樂淨土，與我們現在所居住的世界不同，其實，指的即是現今的世界，絕對不是別的世界。即使是在相同的世界，還關係到是否能以真實之眼看見，所以也有看得見和看不見的區別。道元描述此種情形如下：

　　　　又，心境靜中證入悟出，達至受用境界，一塵不染，一
　　　　相不破，廣大佛事，皆為甚深微妙之佛化。佛化之處，
　　　　草木、土地皆大放光明，得甚深妙法，無窮無盡。

　　自受用三昧只是單純地淨化自己主觀上的心，並非真的進入三昧的狀態。自受用三昧包含的不僅是心，也有客觀的世界，也就是說必須同時含有主觀和客觀。而且客觀世界中

的山川草木、鳥獸蟲魚，絲毫未改形態，以其原有的形貌大
放光明。

　　放光明並不是指真的發光，而是說存在的一切生物，盡
其全力表現出其存在的情形。俳聖芭蕉的文句中有：

　　不經意地看到，薺菜花盛開在牆角邊。

薺菜花是非常普遍的雜草，悄悄地開在路旁、田邊。若與一
到春光爛漫就盛開爭豔的櫻花相比，薺菜花只是白色小花而
已，沒有人會回頭去看。但是，突然停住腳步看著路邊的薺
菜花，也會感受到花雖小，卻也努力地盛開著。而這充滿天
地間的薺菜花，也是無法取代的。就像這樣，天地間存在
的一切生物，都盡其全力展現出他們存在的意義，這就是放
光明的世界。一般的凡人看不見這種景象，必須擁有觀察入
微的眼力才能看見。能夠達到大幅度地轉換自己的想法，就
是真實的佛法。

　　自受用三昧的世界，是開示真實應有的狀態，道元即以
「擊空而響，如鐘之前後，妙聲綿綿」《辨道話》來展現。
經由撞木撞鐘，我們才聽見鐘聲，但是，鐘本身無論是否有
用撞木去撞，都會發出聲音。所以，不是撞木撞鐘時才聽見
聲音，而是撞鐘前後，都可以聽到妙聲綿綿的鐘音。唯有這
妙聲綿綿的世界，才正是以真實的佛法說明的一個真實存在
的世界。

無功德之宗教

　　據說，宗教要深入、浸透一般民眾之心，須有現世利益才行。如果可以賺錢、可以治癒連醫生都束手無策的重病，有實際的物質利益、能夠清楚地知道信仰有何功德，那麼民眾就能下定決心信仰宗教。這種情形對於從古代的宗教一直到現代興盛的各種宗教而言，都是共通的現象。尤其是像這樣的宗教，其流行的背景大都是在戰亂、飢餓、天災、貧窮等社會生活混亂、人心不安的情況之下。

　　但是，站在宗教的第一義而言，不是只為現世利益而已，雖然那也是宗教對社會的一個使命，然而，這並不是宗教的全部。宗教，是向人類說明生命應有的理想狀態，特別是佛教，教導我們必須對自己真正的生命有所自覺。一般而言，以為宗教是祈求神明讓自己進入天國、誦經念佛許願讓自己生於極樂世界，其實，這些都不是真正的宗教。只是指望來世的欲望心、變相的利己之心，是自私自利、利己主義的一種。

　　我們可以從禪的思想史中，看到斬釘截鐵、全面性地否定、斷絕現世利益、一切功德和別有所圖之心的思想。

　　那是禪宗開山祖師達摩的思想。嚴謹地說，或許不是歷史上的存在者達摩本人的思想，可是，卻十分適合作為禪宗的開山祖師達摩的思想。閱讀記載禪宗歷史的《傳法正宗記》等書，即可發現其中記錄有達摩和梁武帝的問答。

武帝問達摩:「至今為止，我已建寺、寫經、度化許多僧尼。這些有什麼功德呢?」武帝大概是期待著有無量功德的回答，可是達摩卻答:「無功德。」武帝不管如何也無法承服，一再反駁:「為何無功德呢?」對此達摩回答說:「這些只是人天小果，為煩惱之因，如影隨形之物，說是有功德，也不是真實的。」武帝又問:「何謂真實的功德呢?」達摩答道:「淨智妙圓，其體自然地空寂。真正的功德是無法憑藉世事來希求的。」

這是著名的梁武帝與達摩的「無功德」問答。世俗之人認為建寺、寫經應該有功德，這是錯誤的想法，甚至也是煩惱的原因。最重要的是，無論是第一義或世俗義，皆不受其影響。

第一次出現梁武帝與達摩問答的禪宗史書，是荷澤神會的《南宗定是非論》，此書距離達摩逝世的時間，已有二百多年之久。或許武帝和達摩之間的問答，在歷史上並非事實，而是虛構的，但也不得不主張八世紀時代，禪宗的精神能源、禪宗的開山祖師達摩，應該會做上述的回答。

正如以上所言，產生無功德問答的時間背景，可以說是在達摩到中國時，確實存在著。西元六世紀初，南朝的梁武帝以佛教為治國的根本，北朝則由北魏靈太后取得政權，在南北兩朝廷的保護下，佛教發展得非常昌盛。在都城南京和洛陽，金光燦爛輝煌的大寺院櫛比鱗次，並舉行隆重盛大的佛教禮儀，佛教已深入到上層階級與庶民階層。

在這樣絢爛的佛教文化的黃金時代，達摩來到洛陽，據說，當他看到永寧寺這座富麗堂皇的寺院時，讚嘆著說：即使是在印度，也無法見到如此華麗的寺院。但是，達摩在這富麗豪華的外觀上，看不見真正的佛教生命。像這樣重視表面的虛飾，只是一種權力和財力的表象而已，無法在此看出真正的佛教。於是，傳聞他一人隱居在嵩山少林寺，面壁九年，這種說法是可信的。他將無所作為「凝住壁觀」的生命，傳給唯一的弟子慧可，這一滴清澈的水滴，終於成為溪泉、成為大河而奔流不息。

在《洛陽伽藍記》中，可以看到有借用閻羅王的言詞，其中說道：在南北朝時代，認為佛教行者的第一要務是建造寺院、研究經論的潮流，與佛教的真實形態沒有任何關係的記載。其實，真正的佛教行者應該專心坐禪、誦經；奪取人民財產來建造華麗絢爛的寺院，只不過是一種製造墮入地獄業障的行為而已。正因此種真正佛者的氣概和態勢，才能產生達摩與梁武帝之間的「無功德」問答。

曹洞宗開山祖師道元指出「無所得、無所悟，端坐時移，即成祖道」。(《隨聞記》)一語，道破無功德可通往無所得行。臨濟義玄說「求佛、求法皆為造地獄之業」，宗教所存在的第一要義，應當是無所得、無功德。「無功德」之處，裝載有無盡的寶藏。

唯有無限的努力，才能支持無功德、無所得的生命意義得以持續。這是追求無索求的努力，不是追求「利益」的努

力。佛陀最後說的是「精進不放逸」，也就是努力不懈怠之意，這句簡單的話中，包含著人生無限的真理。理想就是因為不能實現，才叫做理想，朝向不能實現的理想，一步步地努力前進，這就是人生的意義吧！道元的千古名言也說：「學道之人，勿待來日再行道。豈可今日此時不充實度過，應該時時刻刻勤勉奮發才是。」（《正法眼藏隨聞記》）

　　以前有位歌舞伎演員八世市川團藏先生，在佛事演出完畢後，外出旅行，巡遊四國八十八個地方。完成旅程後，在回程途中，一個人安靜地投入瀨戶內海的潮水裡，結束了八十多年的生涯。沒有人看見，也沒有人在身邊，當時他留下一首詩歌，其意如下：我死時，不增添他人的麻煩，不依賴佛祖，再見！我下地獄去了。這是歌誦死時不依靠他人，不仰賴佛祖，一個人安靜地下地獄的那種徹底豁然開朗的境界。在此，我們儼然看到以自身的性命來印證無所得的生命。這與親鸞遵照師父法然的指示，即使會下地獄也絕不後悔念佛的信仰決定，是一脈相通的吧！

　　宗教若至極限，必然能夠達到「無功德」的境界。不，人類生命活動的極限，本來就是無功德。哲學學者西田幾多郎博士將「無功德」作為宗教的本質，他說：「不必要為了現世利益而祈求神明，以往生為目的而念佛也是徒勞無功。這些都不是真正的宗教。因此《歎異抄》中也講『為了求生淨土而念佛，也是一種利己的修行』。再以基督教來說，如同那個只請求神助而害怕神罰的，也不是真正的基督教。這些全

都只是變相的利己之心。現在很多人都說，信仰宗教是為了使自己安心，我認為這種說法也是錯誤的。……我們不是為了安心才信仰宗教，安心只是隨著信賴宗教而來的結果。宗教上的要求，是要求我們去實踐無所求即無所不能的生命意境，要求必須嚴肅地堅定意志。宗教本身即為人生目的之所在，絕對不該再有其他的方式。」

　　將西田幾多郎博士的無功德宗教觀，和同時代的戶田城聖先生的有功德、利益的宗教觀相比較，也會令人產生濃厚的興趣。因為在宗教之中，主張確立無功德的絕對性，與無論到哪裡都重視現世利益之事，是可以相互共存的吧。

　　即使是在中國南北朝時代，也是一方面有像達摩的無功德的宗教存在；但是另一方面，大部分的民眾都受到以現世利益、治癒疾病為目的，這種有功德的佛教所吸引，他們堅信不疑，認為佛教本來就是應該這樣。特別是他們尊敬會顯現奇蹟瑞相、治癒疾病的僧侶，以為這才是真實的佛教行者。

　　無功德、無所得的宗教，不是一般大眾所能接受。以無功德、無所得來說法，只用嘴巴講講，當然容易；但是，真正能夠以身作則的禪僧，可以說是幾乎沒有。達摩、道元的佛法，我們可以了解，可是，若要真正去實踐，我不得不說，這的確是一件十分困難的事情。然而，唯有此永生不息的無功德精神，才能不斷地淨化我們這些凡夫的心，為我們洗淨錯誤的貪欲心念。

　　以現代而言，可說是有功德的時代。因為太多有益、追

求利益之事，人們都處在有所得的境界，到處可以看見要求精算、成果、結果、收穫的情形。雖然，為了社會的發展、提昇人類的生活品質，這些都無法避免。但是，如果只是以追求自己的利益為目的，那麼，反而會更快地失去自我。

沒有比現代更需要「無功德」精神這一帖清涼劑的時代了。試試看做些無所得的事，這也是人生旅程中不可缺少的經驗吧！人生的深度、廣度不就是經由體驗「無功德」的精神，而獲得的嗎！

隻手之聲

白隱慧鶴六十九歲時所撰述的《藪柑子》中說道：唯有聽取無聲之音，才是悟道之路，聽得無聲之音，是指若能聽見隻手之聲，便能得到真正的大神通。亦即聽取無聲之音時，即可見性大悟。

一、清淨天耳通是指如能聽見隻手之聲，就能聽到佛、神、菩薩、聲聞、餓鬼、畜牲、地獄等所有的聲音。簡直就是達到自由自在聽取任何聲音的境界。

二、清淨天眼通，是指見性悟道時，宛如自己、他人、佛界、魔界、淨土、苦界都在掌中，可以一眼望穿。若無具備相當的力量，我們連自己都不清楚，更何況是要看清他人的心等等。而且，即使是看得見佛界，也看不見魔界。若是時時掛心佛界，那麼，佛界便成為束縛自己的魔界。看不見自己的背上插著一把刀，只看見他人的惡行，就喧譁不已的

事件，實在是太多了吧！只有天眼通能夠一眼看穿佛界、魔界、淨土、穢土。能夠一眼看穿，確實是一件了不起的事情。若是由「我」所見，那麼，看到的只會是對「我」自己方便有利的事物。

三、清淨宿命通，是指明心見性時，猶如可以從鏡中清楚地看見無限的過去、未來永遠的輪迴轉世，持續不停的浮浮沉沉，受流動牽引而去的情形。在一瞬間看到永恆。不，一瞬間一剎那，指的就是現在。

四、清淨神境通，是指吃飯、喝茶等平常的生活，也就是真實的「活三昧」。因修行而有所得，這是不可以的事情，因學習而得到的事也必須捨棄。唯有自然的生活、自由的行為，才是神境通。所謂「活三昧」就是活活潑潑地，沒有受到任何拘束。如果我們吃飯，就會被飯約束，嚐到美味的食物就很高興，吃到難吃的東西就覺得不滿，這些都不是神境通。真正的神境通，必須是不管吃什麼食物、做什麼事，都不會受到影響，也不會有任何瓜葛，而且不留痕跡，沒有隔閡。

五、清淨他心通，是指可以一眼看透自心、他心、佛心、神心、眾生心的能力。其實我們不僅不了解自心，也不了解佛心、眾生心。如果我們能知道自己，就能知道佛心。而若能清楚佛心，也就能清楚自心。清淨漏盡通，是指本來具足的心中，沒有一點無明，沒有生死。若只是單純地切斷煩惱，並不是漏盡通；唯有無無明、無生死，本自清淨、本自具足

的智慧才是。

　　白隱所說的神通力與夢窗的真神通，完全相同。神通力指的不是超能力，而是指透徹、未受任何拘束、活潑無所執著的生命力，也可以說就是自由自在之意。猶如以「觀自在」稱觀音，因為觀音觀看自在，所以其稱名，正具備有神通力，《觀音經》上也有解說「具足神通力」。

　　有關讀誦《延命十句觀音經》的功德，白隱敘述如下：

　　誦必一生無火難、盜難、病難，壽命長遠，萬事心想事成。（《八重葎》卷二）

意思是說如果讀誦此經，不僅可以遠離火難、盜難、病難，而且，能夠增長壽命，更重要的是能達到心想事成。隨心而成即是自由，即是自在。亦即不受任何事物吸引，不受任何拘束的形態，達於一切不著相。讀誦《十句觀音經》，可以使觀音感應到讀誦的音聲，而現身於世。遍滿虛空的觀音，無論在任何場所，對任何人、任何事物，都會因感應而現身。

　　為何觀音能夠遍滿全宇宙呢？那是因為無相、無形的緣故。有相，便會受到限制。經由「我」而認為確實存在的錯覺，就是有相。然而，觀音是無相，因此可以感應而化為三十三身出現。白隱有首以〈蛤蜊觀音〉為題的詩偈：

　　以蛤蜊身得度者，即現蛤蜊身說法。

　　此詩摘錄自《觀音經》中，以三十三化身感應現身度眾的經文而來。為了拯救蛤蜊，所以，觀音必須以蛤蜊之身顯現而來說法，即使不是蛤蜊，任何東西都可以，化身為蟑螂、蚰蜒也可以。

　　當遍滿世界的無相觀音和自己的生命一致時，若以白隱的言語來說，那就是無生之音、隻手之聲。即是觀音與自己，成為一體。自己能成為充滿天地之間的觀音，便是已經達到悟道的境界。白隱講解此種境界如下：

　　若直證自性，自性即無性，已離戲言。因果一如之門開，
　　即知唯一之道。以無相之相為相，去回皆無餘所。以無
　　念之念為念，歌謠、舞蹈皆為法聲，三昧無礙之空寬廣，
　　四智圓明之月清澈。（《坐禪和讚》）

　　「自性」即是本性，若能證明自己的本性，便可以知曉那就是無自性。雖然自稱我、我，其實自己的本體又在哪？這就是無相。若能擺脫那種說自己的本性是這樣那樣的戲言，便可以明白真實之道。更進一步，若能以「無念之念」為念，那麼，人類的一切行為都會變成法相，唱歌、跳舞也都會成為法聲。這樣的境界就稱為神通力，也稱為觀音妙智力。透徹遊戲三昧時，一望無際的天空，將會變成萬里無雲的晴空。李白的詩說：

月隨碧山轉，水合青天流。(《禪林句集》)

這是徹底描寫月兒轉、水悠悠、現實當下即是悟道妙景的詩句。誠然，其詩中所顯現出來的正是自由自在的悟道之境。

生病與修行

白隱在《遠羅天釜》內寫有〈贈遠方病僧書〉一文，文中談論著生病的修行者，應該採取何種態度。其中提到一位生病的僧人，愁眉苦臉、潸然落淚地說：沒有比自己更不幸的人了，以受難之身出生，雖有尊貴的僧形，卻無法修行，像這樣未曾體證佛道之光，就要沒沒無聞地死去，實在是令人非常痛心疾首。這位僧侶的說詞，表面上似乎很殊勝，其實是顧影自憐，缺乏出家人應有的堅強和毅力。生病就不能修行，說這種胡言亂語的人，終究只是一個懈怠、不求精進、粗心大意的不知不覺者。自古以來，優異的禪僧，大多寄身於幽谷或隱居深山修行，遠離世俗，擺脫雜物，如此辛苦，皆是為了要一心一意精進努力向道。有病之人，正巧可從托缽等勞力的作務上得到解脫，既不必接待香客，更不必面對大眾的吵雜、喧譁，生死之事，則完全聽天由命，飢寒與否也任憑照顧病人者來處理。因此，生病之人，只要專心一致，修持正念的工夫即可。

生也夢幻，死也夢幻，將淨土、地獄全部拋至一旁，若能心無旁騖，全心全意朝向持續專研正念工夫精進，最後終

能超脫生死之境，超越迷悟之際，同時也唯有成就金剛不壞
之身，才可以成為真正不老不死的神仙，不是嗎？白隱說：

> 在真正參禪者的面前，吉凶榮辱、逆緣順緣，皆為協助
> 道業之資糧，而在懈怠、意志薄弱者的面前，一時之塵
> 事煩憂、輕微之疾病，皆為嚴重之障礙，然而，最終卻
> 以前世報應為由。

對於真正的參禪者而言，吉凶、榮辱、逆緣、順緣，全都可
以成為幫助修行的糧食、資源。逆緣是指不幸、不順，順緣
即是順利、得天獨厚之意。若是被人稱讚便得意、樂於修行，
被挑剔、貶低就氣餒、什麼也不做，這不是真正參禪者應有
的態度。應該是不管遇到吉利的事、不好的事，有所成就或
是衰敗，都不會影響參禪者的修行。其實，若不幸處於凶事、
惡事、生病持續發生之中，更需要以不為所動的精神來克服，
唯有如此，才能成為真正的修行者。相反地，對於懈怠者、
意志薄弱之人而言，即使是一時的煩惱、極輕微的疾病，也
會變成很大的障礙，他們會以這是前世的報應來作為無法修
行的藉口，最後終於墮落而失去道心。所以，真正的修行者
即使是生病時，也必須做到能夠「振奮弘願大志，激勵勇猛
前進」。

　　道元跟隨宋朝天童如淨修行時，同參的僧侶擔心在天氣
過於極熱或極寒時，若晝夜不分的持續坐禪會生病，所以想

要暫時休息。當時，道元認為：

> 設若發病而亡，亦應修行。擔心發病而不修行，此身長
> 生又何以為用？若病亡，亦為本願。(《正法眼藏隨聞記》)

害怕生病而不修行，活得長久又有何用。我們不知道自己明
天的命會怎樣，或許會發生意外事故也說不一定。所以，道
元斷言，為了修行，即使發病身亡也是甘願。由於有不在乎
發病身亡的決心，所以，道元能夠晝夜不分的坐禪，結果也
沒有生病。因此，道元指示弟子們「現在各位可以專精致力
於修行」。

　　白隱和道元，所強調的都是單純而不複雜的修行。若是
從現代的價值觀來看，恐怕會認為人一旦死了，不是什麼都
沒有了嗎！但是，先賢聖哲們卻不會這樣想，他們希望藉由
專心一致的修行而超脫生死，因此，只管打坐的當下之體，
即是超脫生死之相。

無限之求道

　　道元在《正法眼藏隨聞記》中，解說人類修行的方法。
他說人類生活在道中，而且唯有在其中，才能修行證道。

> 見，竹聲悟道、桃花明心。竹豈有利鈍、迷悟。花何有
> 深淺、賢愚。花雖年年開，人卻非全得悟。竹雖時時響，

聞者卻非皆證道。僅以久參修持之功，得辨道勤勞之緣，
而明心悟道。此非竹聲之獨利，亦非花色之殊深。雖說
竹響之聲美妙，卻非自響，須待上瓦之緣而引起聲響。
花色雖美，亦非自開，須得春風才能開放。學道之緣亦
是如此，此道雖人人具足，然得道之事須由眾緣。（卷四
之五）

此文說明了「道」是人人具足，要使其開花結果，必須有緣。
緣是什麼？若以道元為例，能與如淨邂逅即是緣，再進一步
說，亦即每日坐禪而與眾生結緣。此篇竹與花之文章，實在
是一篇名文，的確是非常殊勝。

雖然人人都具有佛性，可是，卻非人人都能得悟。為了
悟道，必須要有「久參修持之功」，歷經長時間的禪修辨道，
而且要能持續保持努力。求道若無辨道勤勞之緣，則絕對無
法得悟。有聽聞竹響悟道之禪僧，也有聽聞山谷河川聲音而
悟道之人。然而，我們默默聽著山谷河川之音，卻什麼也不
懂。那是因為我們沒有得道之緣，在求道上缺乏持續長遠的
精進道心。

人類本來擁有佛性，但是，因以上所言的努力不夠，所
以無法得悟。以下列舉古人的比喻，來說明上述的情形。

古人云：日月雖明，卻有浮雲遮蓋，叢蘭茂盛，秋風一
吹即枯壞。（卷四）

太陽、月亮，清晰耀眼。相同地，佛性也是清楚易見。但是，它們易受浮雲籠罩。蘭花雖然十分茂盛，可是，大風一吹，也會對其有所妨礙。這些道理，都與修行之心相通。我們本來就有佛性，而此佛性卻受塵世間的煩惱所掩蓋。因此，身為凡人的我們，必須要精進而將此阻礙去除。

學道的精神是什麼呢？《隨聞記》說：

道乃無窮。雖悟道仍應行道。（卷六）

這句話貼切地表達了道元的想法，道元認為雖在道中，仍應行道，這種精神是原始佛教以來的學道精神。當佛陀生病，病情漸漸惡化時，佛陀歸返自己所出生的故鄉，不料竟在返鄉途中圓寂。臨終時，弟子們一邊哭泣，一邊祈求佛陀做最後的開示，佛陀說：各位啊！不可因我之入滅而嘆息悲傷，肉體會滅之事，我不是已經教導過了嗎？你們應該明白一切事物皆為無常，同時，必須相信我的肉體雖滅，而法卻是永遠不滅的呀！

「法」是什麼？法，是佛教的根本真理，指的就是「無常」。一切事物都會變遷，一切都是諸行無常。此乃佛教的根本真理，而且是不滅的真理。因此，佛陀告訴弟子們，必須相信其中的生命真諦。最後佛陀所說的「精進不放逸」，「不放逸」是指「不懈怠」，「精進」是指「努力」的意思。因此，努力不懈怠，即是人類的生存之道。

　　所以，道元才說：「道乃無窮。雖悟道仍應行道。」這是
對人生應有的努力，也是生存的態勢。

　　那麼，道元為何要說無限求道呢？因其所證實的是「無
常觀」。道元特別強調表示，這並非是他個人獨特的見解。《平
家物語》中也有一句名言「祇園精舍之鐘聲，諸行無常之聲
響」，如果與此相提並論，還真會令人傷腦筋。因為，此名句
中有受到厭世觀的影響。無常觀，是指一切事物皆會逐漸變
化，所有事物皆有變化的看法。然而《平家物語》的無常觀
中含有厭世觀，因而不是原來的無常觀。透徹無常觀，才是
真實的佛法。本來的「無常」，是指根本上人類應有的狀態、
實存的根源。

　　《隨聞記》一書中，可以說是充滿著無常觀的觀念，而
驅使道元坐禪、求道的根本原因，正是無常觀。

　　　脫離吾我，即觀無常之第一用心。（卷一）
　　　念念不止，日日遷流，無常迅速，乃成眼前之道。非待
　　　知識經卷之教。亦非念念而期明日，當思當日當時，來
　　　日不定難知，應思以今日僅存之命追隨佛道。（同）

「當日當時」在《正法眼藏》中，是以「而今」表示。當日
當時是絕對的，除此之外，既無人生，亦無佛道，「而今」則
可以視為是「永遠的現在」。波多野精一博士，在宗教哲學的
領域中，使用「永遠的現在」這句話。昭和三年（一九二八）

出版的西田博士之《無的自覺限定》一書中，收錄有關於〈永遠的現代〉的論文，如果有興趣，不妨閱讀看看。

云無常迅速、生死事大。反覆思此道理，不忘於心，只思今日今時，易失時光，應用心學道。（卷二）

朝生夕死，昨日所見之人，今日已無，掩耳遮眼……何況年長之人多，未過半之人，尚留有幾許餘年，故應學道。（同）

或者是，

生死事大，無常迅速。心勿鬆懈。若能捨世，確實應捨世。（同）

總而言之，翻開《隨聞記》，隨處可見這種說法。這些全是無常觀，主要是希望眾人，能夠時時刻刻愛惜寸寸光陰。此種思想，幾乎貫穿整本的《隨聞記》。

在無常迅速的世界中，一瞬間、一剎那的修行，會有許多事情無法做好。所以，每次只能專心進行一種修行。這是鎌倉佛教的特徵，一言以蔽之，中國和印度的佛教不同，「選擇其中之一」是鎌倉佛教最大的特徵。例如，道元提倡只管打坐，此為專精打坐之修行；親鸞則是專精念佛之修行。而南無阿彌陀佛的名稱，將所有的佛教彙集為一。唯有達成彙

集為一，才得以拯救。除此之外，日蓮主張的是唱題。以「一」而將全部彙集，這也是鎌倉佛教的特徵。因此，盛傳道元坐禪時，必定是全心全意集中精神坐禪。常常出現下列的文句，來形容道元修行的嚴謹情形：

> 設若發病而亡，亦應修行。擔心發病而不修行，此身長生又何以為用？若病亡，亦為本願。（卷一）

為了佛道，無論遇見什麼事情，都不會放棄修行。既已至此，感覺上只要再加把勁，便能到達目的地。這就是支撐著道元人生觀的理念。以下是針對修行者所說的話：

> 學道之人莫煩衣糧。只守佛制，莫營世事。（卷一）

作為出家人，無須考慮衣食之事。若無衣食，死亦何妨。

> 若因飢而亡、因寒而亡，縱使一日一時亦應追隨佛教。（卷一）

這種做法，確實是達到「透徹之信」。所謂「信」，就是必須真正透徹相信到底。

> 學道之人應棄人情。棄人情而隨佛法行。……須先棄世

情再入佛道。（卷二）

此與「非情」有關，即是拒絕人世之情，放棄人世之情。由
此可知，出家道的嚴肅不留情，非常嚴格。

　　若於草菴樹下，唯思量一句法門，實行一時坐禪，誠為
　　興隆佛法之實現。（卷二）

　　那麼，再將話題轉到道元身上，注重如此嚴格的修證觀，
以及對人生、出家道的觀點，這些不過都是希望有生之年，
在日復一日的逐漸開悟中，能夠形成一種不凡的見解。此與
無盡的努力、無限的修證、修行皆有關聯，並非只是開悟即
可。附帶一提，世阿彌的言詞中，與此亦有相通之處。

　　加強練習，莫存情識。（《風姿花傳書》〈序〉）

無論到哪裡，都必須隨時學習、演練，如此一來，自然才藝
出眾。若是想讓自己更強，想比別人更出色，但是，卻又無
意練習，那麼，這不是邪道，是什麼呢！
　　再看《隨聞記》的內容：

　　一日參後云，泉大道云，向風而坐、向日而眠，猶勝時
　　人之錦衣。（卷五）

大道谷泉說，「向風而坐、向日而眠」實在是非常舒適，此境界比「時人」（世間貪利之人）穿著錦衣更為美妙。雖然「此語是古人所言」，卻也令人感到奇怪。因為，與「時人」這種世間人相提並論，是最沒有意義的說法（「若有可能也是敵對的立場」），所以說，確實是不值得一提。但是，為什麼會說比穿著錦衣更舒適美好呢（「云猶勝錦衣」）？那是因為「觀察此心，尚有重物之心」，所以，道元嚴屬地批評此種重物之庸俗性。其實，道元要講的是，大道谷泉說比穿錦衣好，這不就表示承認穿著錦衣之人的價值嗎？比此舒適又是指什麼事呢？穿著錦衣與修行佛法，兩者全然不同，有如天壤之別，豈可相提並論！將低劣之物和佛道的境界相比，佛道中人實在不應該有此種低劣之心。

　　這是否定相對價值觀的看法。例如，學者努力研究。學者，大概都是貧困之人，但是，學者的學問比富人的財產好，此種想法，根本上也存有重視富人之心。無論到哪兒，我們都不能停止嚴格地追求自我，探求絕對的價值。西田博士的日記中，就有自我批判、自我反省的好例子。在圓覺寺坐禪時，因為西田博士的遺骨存放在東慶寺，所以我常去參拜，當時經常閱讀博士的日記，那應該是博士在金澤撰述《善之研究》時所寫的日記。其中寫著：

　　動物尚能將食眠遺留子孫，人世豈能行此無意義之事而至終了。人們須以一生之力，發揮靈性之美。

「靈性」一語，鈴木大拙博士也喜歡使用。

　　汝應將用於肉慾、無益交際之暇，盡用於修養與學問。

此文充滿著強烈的自我反省。

　　《善之研究》是西田博士在金澤第四高中時，專心致志所創作的書籍。那個時候有一首無名作者的詩偈，不斷地被提起：

　　我心深處，雖有喜悅、憂鬱的波浪，起伏不定，但終究歸於寂靜。

此詩偈的意義是說，人類無論是多麼地歡喜，心中仍有不為所動之處。

　　風吹不動天邊月，雪壓難摧澗底松。（《普燈錄》一六）

詩句中的含意，是指不管受到稱讚或是誹謗，無論遇到什麼事情，都能不為所動。西田博士胸襟寬廣，所擁有的就是這種不為所動的修持。

　　人是人，我是我，總之
　　我所行之道，任由我而行。（昭和九年一月一日的日記）

　　以上也是經常為人所讚美的文句，其中顯示的正是西田博士持有的不為所動之處。我想，道元也是同樣地以此不為所動來作為修道的基礎。

人類的尊嚴性

　　人類的本性是佛，因為人本來就是佛，所以，人類本身具有無限的尊嚴性。

　　西田博士同情藤岡博士失去小孩，曾以自己失去小孩的經驗寫了一封信給他。我年輕時在圓覺寺學習坐禪時，曾看過這封信的內容（可惜完全不記得文獻出自何處）。

　　讀了此信之後，深感人類的悲傷竟是如此率直。信中寫著：覺得亡兒可愛是沒有任何理由的，只是毫無理由地可愛，這和甜的東西是甜的、辣的東西是辣的一樣，是相同的可愛。也許會有人說，兒子扶養到現在才失去，的確是太可惜，而給予同情。然而，捨不得的心情，並非是因為扶養幼兒長大，才覺得可惜。只是內心難捨這個失去的孩子，這是一種無論拿什麼來替代，也無法補償的悲痛。眼前一旦浮起亡子的容貌，更有無限的懷念，覺得他實在是非常可憐，無論如何，若是能夠想法子活下來，不知道該有多好。人生之中，死亡是常有之事，並非只有我兒才會死，但是，雖然是人生中常有的事，悲傷之事還是令人痛心疾首。悲傷的心境，痛苦不堪、難以釋懷。然而，父母卻不會想要將這種痛苦去除。因為，偶然地回憶所引發的悲痛，對於父母而言，是唯一的安

慰，也是生者對亡者盡心盡意的一種表達。失去自己的孩子
以後，在人類的愚癡當中，才會真實地領悟到人情味；失去
孩子的時候，是最能深切地感受到，「人」有所謂的絕對價值，
那是任何人也無法取而代之。人類的工作脫離了人情以外，
就沒有其他的目的。追求學問、事業的最終目標，也都是為
了人情。

　　看到這樣的內容，真讓人深深地感受到人的絕對性。

　　《華嚴經》又稱《雜華華嚴》，「雜華」是指美麗的花環，
是展現出宇宙秩序之物，可以將它們想成是在四季裡，靜悄
悄開著的花、開在路傍的花、開在山野的花、無名的花。看
到山野之中，正開著一朵紫菫花，猶如觸及到宇宙當中，生
成生命之奧秘，根據梅尾明惠的軼聞可知，即使是雜華的一
朵花之中，也躍動著宇宙無限的生命。華嚴思想中所顯現的
人物，不僅僅是意味著那些有財勢、有地位、有能力的偉人，
同時也意味著靜悄悄地人生中，生活在沒有陽光照耀之處的
人，和生存在社會角落的人們。不管他們是什麼樣的人，只
要是人，就必須有絕對的尊嚴性，有佛的生命存在著。佛法，
就是要充分啟發微小之物、無名之物，以及各個生命所擁有
之「生命」，使其更為豐富，這便是佛教的教誨。打破各自所
擁有的殼，使其現出本來的面目，這才發現其各自表現出山
是山、水是水、我是我、松是松，唯有顯露每個分別互相呼
應的情景，才能現出佛的本來世界，亦唯有如此，才是人生
的真相。

　　每一個個人的存在，不是只有個人單獨的存在而已，而是可以無限地擴展彼此之間的連繫。因為我們有著「愛」的關係網，所以才能存活下來。每個個體應該互相通融、互相滲透、互相關聯，而且唯有其相互之間，沒有任何妨礙的世界，才是佛教所期待的理想世界。要實現這樣的目標，人類應該互相尊重，並行同事攝（凡事體諒對方，以同理心待之）、彼此體諒、努力實踐愛語。以下是道元解說自身自命尊貴之文：

　　　　應使此一日之身命尊崇，使形骸尊貴，有此儀式之身心，
　　　　自己亦應愛惜自己，亦應敬重自己，經由我等之修行實
　　　　踐，而顯現諸佛之修行，通達諸佛之大道。

第四章

禪的生活方式

身、心本來無二，
如知水冰無二。
見二之目若止，
則成身心一如，
物我同體。

生活本身就是禪

以禪而言，生活本身即是禪。唐朝時代，有一位名為百丈的和尚，這位高僧活到一百多歲，仍然每日務農，自己耕田種菜。在他九十幾歲的時候，弟子覺得於心不忍，便將鋤頭藏了起來。後來，弟子送晚餐給老和尚，可是，老和尚卻沒有用餐，弟子覺得奇怪，第二天又送飯去，結果老和尚仍然沒有用飯。於是，弟子問師父為何不用餐呢？師父回答了一句名言「一日不作，一日不食」──若是一日不工作，就一日不吃飯。據說，弟子們聽了嚇一大跳，才趕快將鋤頭拿出來。

百丈禪師認為，日常行為的本身便是佛教。在印度，教團禁止僧眾自己耕作，自己食用。總之，就是絕對不可以自己生產。只能以托缽、乞食，或者是依賴護法施主的施齋、供養來維生。中國的教團，剛開始時也是如此，但是，到了百丈禪師的時候，發生了一場大革命，從此以後，才確立了自給自足的體制。

從歐洲思想史來看，可以發現他們是將人類勤勞的精神，以及支援資本主義的精神，與基督教合而為一。其實，在東洋思想史上，也有相同的現象。這種革命性的思想，主張勞動是佛的行為，是宗教之道，光是坐禪，並非就是禪道。所以除了坐禪之外，同時也必須加強日常的作務，如此才能實現真正的禪道。

禪宗的打掃方式

選擇以外在形式為主，或是以內容為主，確實是困難的事情。然而，現在的潮流是只要有內容，任何形式都可以接受；現代，一般普遍的想法，是不管什麼樣的形態都行，無論過著怎樣散漫的生活也無妨。

正受老人，是長野縣飯山真田藩藩主的庶子，曾經與狼一起打坐，是位了不起的禪僧。他所建造的寺院，命名為正受庵。現在，聽說正受庵在夏天時，將要舉辦坐禪研習會。此庵的老師，都是出自花園大學的優秀教師；傳聞，一旦有東京的大學生來參加坐禪會時，教師們絕不會先教他們坐禪，而是只讓他們先熟悉打掃的工作。首先，教他們在庭院除草，除草看起來簡單，實際上是一項不易做好的事情。因為，拔草時須以竹刀將根拔除，並且要將沾在草根上的泥土弄下來，放回地面上去。另外就是掃地時，絕對不可以掃到泥土，這便是禪宗的打掃方式。若是由我們來做的話，一定是只有拔掉地面上露出來的草，而一星期後，雜草又會發出新芽，所以說，我們拔草的方式是不正確的。秋天打掃時，則必須注意用掃帚的把手輕輕地搖動一下楓樹，讓二、三片紅葉自然落下，唯有保持這樣的景致，才算是完成掃地的工作。

以上是千利休先生所說的話，並非是我所言。當我正好前往苔寺、龍安寺等寺時，看見寺內的地上鋪滿白沙，並放有二、三個石頭，據說這就是代表著「無」。若要表示「無」，

應該是什麼東西都沒有才對，連沙也要掃乾淨。但是，仔細
一看，白沙上卻又出現二、三個石子。心想「這不是有嗎?」
什麼都沒有才是無。然而，實際看看卻不是什麼都沒有。所
以，掃得很乾淨的白沙上，還出現有二、三個石子，這便是
成為無的開始。此事與千利休命弟子打掃茶室，是一樣的情
形。弟子向千利休報告「茶室前的庭院掃好了」。走過去一看，
的確掃得很乾淨，連掃帚掃的痕跡都還在。利休問「這樣就
掃好了嗎?」弟子回答:「是的，掃好了，沒有一點垃圾。」利
休說「這樣不行」，如同剛才所言，輕搖楓樹，讓二、三片紅
色的楓葉落下，自然地落在地上，這才是無的境界。

　　要達到「無」的境地，的確是相當困難。參加正受庵坐
禪研習會的學生之中，對於必須徹底進行打掃一週之事，起
初也有抱持不喜歡做、卻不得不做的心理。但是，這些學生
們的面貌，在打掃之中，竟隨著時日漸漸改變，變得端正、
安詳。除了掃除庭園以外，學生們還要將廁所徹底地打掃乾
淨，以及打掃平常看不見的地方。這就是禪的打掃，徹徹底
底地去做、去完成一件事，自然會獲得與以往的生活價值觀
全然不同的價值觀。百丈所期望的就是如此，他認為必須徹
底勞動，因為，勞動本身即是宗教的行為。即使是用餐，亦
應如此，因用餐本身也是禪，所以，用餐的時候必須專心地
用餐。而睡覺的時候，也必須專心地睡覺，因睡覺一事就是
佛陀之道。總而言之，對於所有的日常生活，都必須做到完
全徹底。

　　能夠專心一意地做事，就不會受到周遭事件的束縛。不顧一切，努力拼命地生活在當下，反而更能達到自由，不受任何拘束。

　　這麼一來，是屬於自由還是無心呢？若要說得更簡單些，就像是自己身體中的內臟一樣。如果我們意識到自己的胃，便是胃不好的證據；若太留意胃，那就表示胃病十分嚴重。在此提起一件私事，來作為說明。現在的我走起路來是有點瘸，那是因為大約三個月前，自己一個人在香港的佛教寺院中生活，早上四點起床，在漆黑之處被石頭絆倒而扭傷右腿。雖然，已經三個月了，下意識裡卻時常無意中特別地留意右腳。如此情形，即是表示右腳行動不便的證據。有的人會意識到胃，而頭腦不好的人，則會意識到自己的頭。總之，大家都會有所意識。只是在某種意義下，這樣的情況，代表著自己受到約束而沒有自由。

禪寺的生活

　　過於在意禪所說的自由或是自在，反而會因此而遭受束縛，這並不是好現象。如果一定要對其有所意識的話，那麼將會受此拘束而不自在。所以，百丈的目標並不在此，他的目的是希望能夠在完全不拘形式的生活中，發掘出真正的本性。生活的本身就是禪，因而，禪寺的生活，清靜而嚴肅。

　　在日本的禪寺，早餐是稀飯和二片黃色蘿蔔乾，吃蘿蔔乾時不可以有任何聲音，所以要花時間去嚼，然後再吞下。

而且嚼的聲音也不可以讓旁邊的人聽到，因此要慢慢地嚼。中午是小麥飯和味噌湯。一個月當中，有幾次的菜色是比較豐富，那是將用油炒過的菜再拿來煮。晚上的餐點，就用剩菜煮菜粥。一旦洗物槽的菜渣兒累積到一個量時，就和蘿蔔的葉子放在菜粥裡一起煮。用餐時，將大、小碗並排著放於桌前，平常有味噌湯和飯及黃蘿蔔乾鹹菜。用完餐後，將開水倒入碗內，然後用手將碗洗乾淨，全部洗好後，再將倒入碗內的開水喝完，喝好以後，用布巾擦拭餐具，之後再將其包起來。世俗之人，會認為這樣做，實在是不衛生。出家眾們在用餐的這段時間，是絕對無言地進行著所有的動作，連一句話也不可以說。對他們而言，能夠專心用餐，便是天地的恩惠，是托全體社會人士之福，所以，用餐之時，他們內心滿懷感恩、感謝。從世人的觀點來看，這是多麼嚴格的吃飯方式呀！而且完全沒任何一點魚蝦、肉類的菜。現代的韓國佛教寺院，則是全部以辣椒作為調味料，他們連魚肉、蛋都不吃。

臺灣和香港的禪寺，全都用油炒青菜。中國人的習慣是什麼菜都用油炒，寺院裡也是用油炒菜，和一般人一樣，只是他們絕對不吃肉，這是出家生活的基本原則。韓國、香港、緬甸、錫蘭、泰國的佛教出家人都是單身，就這方面來說，只有日本佛教，還保持一個不正規的形態。

日本的佛教，尤其是禪寺的生活，與韓國、中國、南方的國家頗有不同，但是，樸素的生活則是和各國相同，這是

因為生活的本身就是禪。

　　關於禪寺道場的雲水生活,可以參閱鈴木大拙博士的《禪堂生活》(收錄於鈴木大拙全集第十七卷),沒有比此書更能完整地描寫臨濟宗的雲水修行生活的了。除此之外,鎌倉松岡東慶寺的住持佐藤禪忠法師手畫的插圖也十分傳神,不僅生動地描繪雲水僧的生活、修行情形,而且非常幽默。想要知道禪宗道場生活的讀者們,一定要看我所推薦的這本書籍。鈴木大拙教授在此書的序中,敘述著回憶禪堂的生活如下:

　　自己對於禪堂的生活,總是有著深刻地懷念。四十餘年前,首次體驗僧堂的生活,面見「禪宗的和尚」,當時,禪堂的生活尚未公諸於世。第一次吃小麥飯,醃漬萬年鹹菜,用小柄勺取水像貓一樣的洗臉,坐在飯桌旁邊,雙腳靠攏脫掉草鞋,再將其並排放好,在和尚面前三拜九拜等,我對這些生活方式,印象十分深刻,至今不忘。一方面看到禪宗和尚豪放、灑脫、爽朗的一面,一方面又看見他們是如何地過著綿密、滴水不漏的累積陰德的生活,他們不僅心境淡泊,而且生活相當簡陋,這些都是社會上不容易看得見的景象。

　　僅僅是拜讀這段序文,禪寺內的生活景象,便如同畫面般一樣,一幕幕地浮現在我們的眼前,不是嗎?

坐 禪

現在所流行的瑜伽和禪坐一樣，都是以冥想法、雙足跏趺而坐來進行。其方式是先將右腳放在左腿上，再將左腳放在右腿上，不習慣的人，可能就無法做好，而太胖的人也沒有辦法做。另外，雙手的擺放是右手在下，左手在上，大拇指稍微合併，然後便可以靜坐冥想。背脊的姿勢很重要，必須豎直，挺起腰幹，下顎微收，牙齒輕合，頭頂不可低垂，安靜地微張眼睛，這是大致上的打坐姿勢。

呼吸法較為困難，首先要吐氣，靜靜地吐氣，接著吸氣「一」，然後吐氣再吸氣「二」，數到十。數到十以後，又從「一」開始，如此調節呼吸，可以使得情緒漸漸穩定。對於坐禪，我是初學者，有關禪坐的方法，可以依照花園大學校長大森曹玄老師的《參禪入門》（春秋社，一九七五年），而勤加練習。

中國的老子教導大眾，為了要成為仙人，必須以踵呼吸，不可用鼻子呼吸。用踵呼吸，就是將一口大氣吸至腹中，再將濁氣由踵處全部吐出。這些動作，一定要慢慢地進行，才能顯現功效。能夠安靜、緩慢地呼吸，便能調節身體至最佳之狀態，如此一來，情緒自然得以穩定。其實這些動作，在乘坐交通工具，有座位坐的時候，也是可以做。現在的人們，一旦在公車上坐下，便順勢靠在椅背上；身材高矗的男人，則是叉開大腿、攤開身體而坐，這幾種姿勢，確實都不太好。

我們必須使腰幹深入座位，並且不將背部靠在椅背上。端正坐姿之後，因為車內空氣不好，不能採取深呼吸，只要照平常的呼吸方式即可。如此一來，自然能使情緒穩定。所以，用功之前或進入考場時，根據以上所述的方法調節呼吸，將會有非常好的效果。進行調節呼吸時，雙手可以不必交叉，只要輕輕地放在腿上即可。雖然，方式自由不拘，但是，姿勢一定要端正。總之，必須重視身體的狀態。不管是讓身體來思想，或是將思想身體化，無論如何，就是必須將身體調節至最佳的狀態，這即是坐禪。

　　若能心無芥蒂、無善惡是非之區分，那麼，世上便無可懼之事。人類的身體姿勢之中，呈現出一點也不會恐怖、害怕的姿勢，就是坐禪的姿勢。慈雲飲光一語喝破：「定學、練德，八風吹不動之事，猶如須彌山。」坐禪的姿勢也稱為「降魔坐」，又似「如龍得水，似虎靠山」（《坐禪儀》所言），具有毅然不可侵犯之威儀。釋尊在菩提樹下禪定時，有許多惡魔想要誘惑釋尊，但是，完全沒有空隙可以乘虛而入，所以，禪坐才稱為降魔坐。

　　坐禪之形態，即是三昧王三昧。自己若能做到完全屬於自己，那麼，即使是八風吹動，亦無需害怕。八風係指利、衰、毀、譽、稱、譏、苦、樂。㈠利是利益、賺錢之事。得了利益，無論是誰都會高興，但是，做了壞事而得之利，早晚必將失去。㈡衰是衰滅、瘦弱之事。人一旦有了損失，就會垂頭喪氣。像賭馬不中，便會沮喪洩氣，與得利相反。㈢

毀是誹謗、責備、挑剔他人之事。㈣譽是稱揚、讚美他人做得不錯之事。㈤稱是當面、立刻稱讚之事。㈥譏是當面諷刺、罵人之事。㈦苦是不能為所欲為之事。㈧樂是可以隨心所欲之事。

由於我們心中，經常受此八種情形的強烈影響，因此以風來比喻，稱為八風。這八種狂風，時常動搖著我們的心。例如賺了太多錢，也會大吃一驚；一有損失，心想糟了；被人挑剔、責備，就想這傢伙大言不慚；聽到有人讚美自己，便興高采烈、得意洋洋；被上司直接稱讚，就眉開眼笑；被罵混帳，便整天不愉快。人類的心為何如此脆弱呢？其實，受人讚揚，並不會提高自己的價值；受人挑剔，也不會降低自己的價值。本來自己自身的價值，就是不增不減，不會因為受到讚美而增加，也不會因為受到挑剔而減少。唯有這樣的本體才是真正的自己，才是自己完全做到屬於自己的舉止。無論毀譽褒貶等八風，是如何劇烈地吹著，也絕對無法動搖這個本體。而且，這個本體沒有恐怖、懼怕之心。若有八風要吹，就任其吹拂，只要保持心境不動即可。

內觀之秘法

要使精神充實，最重要的是必須將力量集中於下腹，佛教禪宗所說的數息觀，即是一邊數著呼吸，一邊將元氣集中於下腹。還有中國的道教，也是非常注重練習調節呼吸的修行方法，此種呼吸的方式，稱為胎息法。近代，中興臨濟宗

的白隱慧鶴，曾經講解內觀之祕法。白隱能夠保全長壽，其
實，有很多地方都是依靠內觀祕法。

白隱在年輕時代，因為過度打坐，結果得了神經官能症。
首先是頭會充血，腰腿冰冷，雙眼不停地積淚，耳朵不停地
聽到好像是蟬鳴的聲音，一到明亮之處，會心生恐怖，一到
黑暗之處，會心生憂慮，睡覺時會被惡夢纏住、會產生夢遺。
因為持續沒有一點食欲，所以不得不暫時停止修行。當時，
聽從某人的勸告，拖著瘦弱、衰敗的身體，來到京都郊外北
白川山裡的石窟，尋訪通曉內觀祕法的仙人白幽子。白幽子
係指白川的幽人，年齡有二百四十歲，精通天文、醫學、道
術。白隱沿著溪流登上山道，在岩窟之中看見白幽子閉目端
坐「蒼髮垂膝，朱顏猶如麗棗」的風貌。岩窟之中只有鋪上
柔軟的稻草，除此之外，完全沒有其他的生活器具，桌上擺
放著有《中庸》、《老子》和《金剛般若經》。白隱向其報告自
己的病情，於是獲得白幽子傳授內觀祕法。

白幽子以中國老子所教導的真人呼吸是由踵呼吸為例，
說明必須將元氣集中於下半身，使得身體上部經常保持清涼，
身體下部時常維持溫暖。此外，降低心火，氣入肚臍下之丹
田，足不踏土，集中心念，也是重要之事。同時，勿將精神
貫注在頭上，應集中注意力於下腹部。其方法解說如下：

散步逍遙，務令腹空，當腹空時，即入靜室，端坐默然，
數出入息。由一數至十，由十數至百，由百數至千，此

身兀然，此心寂然，與虛空等。(《夜般閑話》)

　　上述是說明數息觀的方法，進行數息觀時，將心氣集中
於下腹，是屬於內觀的做法。而將力量集中於下腹部，係指
將元氣儲存於肚臍下之丹田。

三界萬靈——施餓鬼

　　禪宗的寺院，在盂蘭盆會的前後，皆會舉行施餓鬼會。
此會是為了供養食物給施主的先祖之靈，以及三界中有緣、
無緣之靈而舉辦的。如果不承認存在靈界之中的靈魂，那麼，
舉行這個儀式就沒有任何意義。禪宗對於靈魂和幽冥界的眾
生，是存有怎樣的想法呢？對此感到迷惑的我，時常拜讀鈴
木大拙教授的《禪堂生活》(收錄於鈴木大拙全集第十七卷，
岩波書局，四〇五至四〇六頁)，因為，此書中有記載關於三
界萬靈之事，所以將其引述如下：

　　進行施餓鬼會時，將「三界萬靈」之牌位安放於供壇之
　　上。一般的餓鬼被視為是墜落於惡道之亡靈，其實是指
　　一切死去之萬靈。不論他們是否在惡道，以眾生所在的
　　這個世界而言，他們是屬於過去世的一切眾生，而施餓
　　鬼會，即是對過去的一切，表達感恩、感謝之意，是一
　　種感謝眾生恩的佛教行為。不知為什麼，人類總是以此
　　種集體形式來表現自己的意志，若以個人的立場而言，

也未必一定要假藉此種形式才可以。換言之，即是個人的立場不同，自然作法也有所區別。譬如說，我們現在自己用鋼筆在紙上寫字，雖不知此鋼筆、此墨水、此紙，最初是由何人發明的，但是，眼看著能夠如此流利地書寫著，禁不住地要對那些不認識的創造者，給予深深地感謝。於是，我們可以設置只為自己而設的「施餓鬼會」。佛教行者之中，有施行針供養或者是鰻供養之人，這些都是流露出佛教世界觀的一面。鰻魚、泥鰍都是有生命之物，因被人類食用而喪生，供養其靈，也可說是為了人類善盡報恩之心。但是，供養像針、筆這樣沒有喜怒哀樂之物，究竟有著什麼意義呢？我們相信這些都包含在「三界萬靈」之內，像是毛筆、針、紙、鋼筆、石燈籠、牽牛花等等，也都可以適時、適所地在三界之中，發現它們所在之處。其實，毛筆和燈籠是人類自己製作的，而牽牛花、鰻魚是大自然的生物，這些區分畢竟都只是人類知識性上的分別而已。實際上，毛筆中也有製作毛筆之人的靈魂在內，庭院的飛石，也是因為有人從山澗帶來頑石才有的，所以，飛石之中也留有帶來之人的靈魂。

牽牛花、鰻魚、山澗來的石頭，與人類手工製作的毛筆，雖有天然形成和人工製造的不同，然而，任何物品皆是依照人類的眼光觀察、雙手觸摸、思想和意志的判斷，然後，再決定使其成為人體的營養材料，或是成為鑑賞

用的藝術品，或是成為對人類有益的文化資料，若是從
以上的觀點來看，其實，並未有天然、人工之分。天然
之物，如果沒有配合人工的製作，鰻魚就無法成為料理，
飛石也無法放置在庭院。若是光靠人工，而沒有天然之
物的幫助，兔毛、羊毛也無法成為毛筆頭，山中的石頭
也無法製作成燈籠。所以，人工就是天然，天然就是人
工，能夠變成有用之物，這全部都要感謝眾生之恩。據
說，佛教徒也要祭祀無主孤魂，這也是意味著必須要重
視眾生恩。以實際而言，從事事無礙法界觀來看，是無
法區分哪裡開始是幽冥界？哪裡開始才是顯界？其實不
知道也好。（•為筆者所加）

　　此文是鈴木大拙教授，為了說明有關佛教四恩──佛恩、
親恩、國王之恩、眾生之恩中的眾生之恩而寫。若是要推廣
三界萬靈的思想，那麼，對於幽冥界和靈界，則理所當然地
必須要予以肯定。然而真正得悟的禪者，是不會對幽冥界、
顯界加以區別，而是將它們互相融會貫通。

供養之心──三輪清淨

　　近代，人稱佛門八傑之一的曹洞宗天桂傳尊，曾將其住
在難波的藏鷺庵時，向某位信徒講解供養之事，收錄於《供
養參》中，此書的內容，主要是回答關於供奉佛祖或亡靈時，
施主之心是否能與接受供養的靈魂相通的問題。我們可以參

考此《供養參》中的回答，來思考供養時的物品，無需有大
小相異之分。

供奉佛陀、祖先的敬茶水果、飯菜、鮮花，究竟是從何
而來的呢？這些都是經由天地自然造化、日月雨露的因緣而
暫時形成，只是屬於因緣所生之物。假定這些東西真的是實
際存在，那就火燒不掉，水流不走。但是，我們必須清楚地
知道，這些物品全部都沒有自主性。如果真要探討所供奉之
飯菜、財物寶貝的本源，其實它們是無相，是空。物品的大
小只是一個假相，既是假相，原本就無大小之分。因此，天
桂說：

> 所以接受無量之財寶，無有報謝之心，未受一點財寶，
> 亦無懷恨之心。

他們不會因為接受供奉、布施無量的財寶，而對施主卑
躬屈膝、阿諛奉承，而即使是一點也沒有受到財寶的布施，
也不會對其有所怨恨。人類的心，能夠修鍊至此境界嗎？他
又說道：

> 身乃四大假和合，而非我物，心應無性本空，無一法可
> 取，亦不捨一法。

雖說是身體，也只是由地水火風四種元素，暫時和合而

成，所以，不會有能夠永遠存在的身體。而心本來就是無自性、無相、是空的，由於無相之心不增不減，所以，不會因為得到物品而增加心的價值，也不會因為捨去物品而減低心的價值。

而且，身和心原本就是合為一體，是無相之物。寶曆（一七五一～一七六三）年間的虛室生白醫生，將其師長對於有關身心不二的教誨，記錄在《猿法語》中：

> 身、心本來無二，如知水冰無二。見二之目若止，則成身心一如，物我同體。因固有成見之誤，無二之中發現二相。如押眼望月，即見二月，此乃非原本之正法眼，自然顯現二相，六道之迷乃由此而起。

虛室生白的師父是誰並不清楚，但在《猿法語》中，卻有讓人震驚的悟道之法。身、心本來不是二個，因為持有二個之見，所以視為二個，而看見二個乃是因為沒有以法眼視之。以宮本武藏《五輪書》中的話來說，即因未以眼「觀」之，而以眼「看」之。「由於將身、心視為二個，因而迷惑」。「觀係指以本智之明的正智慧，竭盡所能觀察一切」（《猿法語》）。現代重視阿諛奉承的行為，只是因為持有看見之眼而已，若是能夠持有觀察之眼，即能身心如一，並且更能清楚了解無相之意義。

天桂傳尊以下列之言作為結論：

是故應知，汝志所在之先亡之靈，汝欲布施之財寶、上
供之一念，即為三輪清淨、本然自性空寂。勿思有何果
報、為何而作、可達亡靈與否。然知佛道正義乃依汝本
具之心時，一粒一滴之供品亦不為少，無量無邊之施財
亦不為多，彼此無區隔，不思達否，施者無思念，受者
無受念。

祖先之靈、上供之財寶、施主上供之一念，皆為三輪清
淨，本來就是無相，就是空。若是空、若是無相，即無祈求
果報之念，也無為何要供養之思，而對於上供之後，產生是
否能傳達至祖先之靈的念頭，也只是一種迷惑而已。其實，
若能以至誠上供，那麼「一粒一滴之供品亦不為少，無量無
邊之財施亦不為多」。唯有施主之心、上供之念才是真正之問
題所在，上供的財寶多少並不是問題。若舉一例來說，以前
印度有位貧窮之女，想要供奉如來，於是調製美食，當她正
要將美食送往祇園精舍時，途中遇見飢餓之犬，而生憐惜之
心，便將所帶之美食全給餓犬吃。然後什麼也沒帶，就來到
如來之處。如來知道此事，即向她說道：將供品給餓犬或是
布施佛陀，都是同樣的事情，並讚嘆說她是一位大施主。
　《供養參》中對於上供時的心境及態度，說明如下：

是故若思一盂之飯、一器之水，香華茶果，皆可為供品，
若常存供養之心，即離自己之欲心，而無執著之念，若

能立即供養，猶如以清淨潔白之誠心，真誠供養，無絲
毫懷疑之心，供品多少、貴重與否不拘，應只以真實之
心供奉……。

　　無論儲存多少錢財，留下多少房地產，得到多少榮譽，
人一旦歸天，什麼東西也帶不走。因此，可將死亡一事，視
為是將妻子兒女、財產全部捨去而出外旅行。人命如朝露。
自認身體強壯，卻瞬間去逝的人也有。所以，富貴之人，應
該布施一些錢財，然而，不是只有一味地布施金錢即可，布
施溫暖之心更是必要。
　　駒澤女子短期大學的校長小川弘貫教授，是我的恩師，
他是一位心懷大愛的人士，對於那些十分無用之人，也會打
從心底愛他們。我一向敬愛的友人太田久紀先生在給恩師的
追悼文中寫著「您逝世以後，偶然看到您在讀過的忽滑谷教
授之《禪學思想史》中『若有人罵我，也不可發怒。若有人
以刀杖加諸我身，也不可有瞋恨之心，施意須永續不斷』之
處，畫有「　」的記號。您幾乎沒有在書上加寫過什麼字句，
此處的記號，一定是您對此文有著特別的感受，提醒自己要
特別留意吧！您明知那些惡言、批判之語，令人震驚、憤慨，
卻未曾有過瞋恨吧！對於我們這些心胸狹窄、通常也不太有
機會碰面的任何一個人，您都能坦誠、親切地說話。對教授
您而言，也許瞋恨這種低劣的情感，已經溶化在您偉大的慈
愛之中」。

忽滑谷快天教授，曾經擔任駒澤大學的校長，他也是小
川弘貫教授的師長。小川弘貫是於昭和九年（一九三四）演
講之後，以得年六十九歲去世的曹洞宗的卓越人才。「若有人
罵我，也不可發怒。若有人以刀杖加諸我身，也不可有瞋恨
之心，施意須永續不斷」的修身名言，即是出自忽滑谷教授
的筆下。這句話，正深刻地描述出觀世音之相。被人誹謗、
辱罵而不生氣，那便是觀世音。唯有觀世音，才能做到被刀
杖所砍、所打而不憤怒。不僅不憤怒，還不可以忘記布施之
心。我們這些凡夫，若能鍛鍊此種精神，也可以持有觀世音
之心。而以自身證明此事的人士，就是小川弘貫教授。教授
曾說「即使是幫助他人，也會遇到過河拆橋之事，也許這種
事還真不少。但是，我們必須了解三輪空寂之事」（《道》三
十七頁）。施者、受者、所施之物，都必須無一絲執著之念。
因為，這不是為「我」而做的。若能有此觀念，那麼，此時、
當下的我們，便能成為觀世音。

第五章

禪的現代使命

人雖譽己,
於己何加,
若因譽而自怠則反為損。
人雖毀己於己何損,
若因毀而自強則反為益。

尋求新的價值觀

　　生活在現代的我們，實在是非常地忙碌。對於身在社會第一線工作的人而言，這是理所當然的事情，可是，連家庭主婦、小孩子們也都忙碌地過著緊繃的生活。「忙」係指「心亡」、「心失」之事。所謂失去心，指的是沒有寬裕的時空。勤奮地工作，的確是一種美德，但是，如果太過於辛苦、忙碌的話，將無法享受從容悠然的精神生活。

　　現在的年齡，大概在四十五歲至六十五歲左右的日本人，幾乎是享受不到人生的樂趣。而且，在他們的那個年代，也沒有辦法體驗到大正時代至昭和初年（一九一二～一九三〇左右）的自由主義的恩惠。因為，從少年時代至青年時代，他們都只能跟隨著日本軍國主義的步伐成長。大東亞戰爭時，他們被軍隊徵召入伍，學業中斷，成為實習軍人，為國賣命。因戰敗而生還者，雖然比戰死之人幸運，但是，他們卻不得不再經歷另一場戰鬥。他們拖著疲累的身軀，回到在戰敗後變成一片廢墟焦土的國家中，忍耐飢餓以及居住等困難的煎熬，為了三餐而辛勞，為了生存而奮鬥。

　　為國殉身，一向是被視為凜然正義的愛國行為，但是這樣的價值觀，卻在戰後瞬間遭到瓦解，無意識中取而代之的竟然是追求物質、金錢至上的價值觀，因而使得身處在這個年代的人們，為了妻子兒女，他們只有不斷地拼死拼活地工作。

戰後三十年間，日本從軍事大國轉變為經濟大國，在這個不得不轉變的歷史必然性的過程之中，可以看出當時的進步，是因為萬眾一心、全心全意努力以赴的成果。政府和民眾都相信，唯有以更快的速度、更大的工程、一心一意往前邁進，才是唯一絕對達到目標的最佳方法，所以辛勤努力的結果，才有日本現在的經濟繁榮。

然而，在此二、三年前的經濟持續成長時，經濟環境卻籠罩著一團黑霧。當時的石油危機是契機，不僅在國內引起公害問題和舉發企業事件，在國際上也因為資源問題等因素而造成經濟停止成長。

由於飢餓感的驅使，因此，使我們在無意識中成為物質、金錢至上的人。而在政治、經濟方面，也產生了一股向物質、金錢看齊的潮流。大家都認為只要打腫臉充胖子，就可以達到目的。還好，在可能形成金權政治的客觀條件已被破壞的今日，追求金錢、物欲至上的價值觀已有改變。所以，要在這個新時代生存的個人、企業、國家，也都必須要有所改變，以符合這個新時代的價值需求。

佛教稱人類的欲望為三毒，三毒係指貪、瞋、痴，即是將欲望、煩惱比喻為毒的意思。毒藥對人體是有害的，而這三種煩惱也會危害人類的心靈，使我們的精神走上死亡之路。

在此三毒之中，最為可怕的是貪欲之心，貪欲之心沒有盡頭，雖有金錢、地位，卻還想要得更多。貪欲強烈者會墜入惡鬼道，並不是死了以後才墜入，而是在現世時就會墜入。

《遺教經》中有關貪欲之心的說明如下：

多欲之人，多求利故，苦惱亦多。少欲之人，無求無欲，
則無此患。

貪欲強烈的人，為了追求更多的利益，所以這方面的煩惱也
多。相反地，欲望少的人，若能控制欲望，便可減少痛苦。
貪欲之心強烈的人，應該怎麼辦才好呢？經文中說「須知足」，
「知足之人雖貧亦富」（《遺教經》）。
　　身為人類，誰都想要金錢、想要女人、想要地位。但是，
追求那些身外之物，自然而然地都要有個限度，也就是說應
求適當即可，而不能過分要求。若是超越自己所能追求的限
度，而無法達到目的，僅能心存貪欲地活著，結果會怎樣呢？
　　中國明代有位洪自誠先生，寫了一本堪稱人生之書的《菜
根譚》，這本書籍確實可以幫助我們選擇正確的方向。當我們
面臨人生的轉折點，而不知應該如何自處時，可以翻閱此書，
書中對於多難的人生，有許多精闢的教誨，全書之中無一句
多餘之詞。
　　《菜根譚》中有「非分之福，無故之獲，非造物之釣餌，
即人世之機阱」之語。意思是說，與身分不符的幸運，沒有
正當理由而收受的物品、金錢等，這些如果不是上天的釣餌，
也是人世中的陷阱。賄賂等簡直就是「無故之獲」的最佳例
子。

　　所謂人人平等，只是一種理念，在現實生活中，猶如人與人的臉孔不盡相同，有著千差萬別之分一樣，沒有一種是平等的。不平等是理所當然之事，所以，人類必須清楚地知道自己的極限在哪裡。

　　《菜根譚》中又言：「花看半開，酒飲微醉」，飲酒微醉即可，爛醉如泥則無法成事。解說武士道心得的《葉隱》一書，也強調要了解自己的極限。其中說明：即使是喝酒，首先也要清楚記得自己的酒量，配合自己的酒量飲酒，不可過度。此事對於人生在各種待人處世方面，也是非常重要。

　　物欲、色欲之火熊熊燃燒時，怎麼辦才好呢？想要侵犯妻子以外的女子時，應該考慮什麼？此時倒是可以思索生病之事，也可以想想激情將會引發腦中風，而喪命於女性之腹上。或是想著自己得了癌症，如此一來，狂猛的性慾必會急速減退。

　　還有，可以思考死亡之事，有句名言「人事至蓋棺，而後知子女玉帛無益」。人們總是要到蓋棺之時，才知道兒女、財產對自己沒有幫助。因為，人一旦死去，即無法帶走自己所珍惜的錢財、子女。

　　儘管如此，我們還是切不斷物欲的引誘。因為人只要活著，總會有貪得無厭的欲望。「為物欲所束縛是苦，而斷絕物欲亦苦」，所以，重要的是能夠適可而止，過著適合自己限度的物欲生活即可。了解追求物欲是枉然而受物欲擺弄，與不了解物欲的空洞而盲目追求物欲，這兩者心態之間，有著很

大的差別。

　　現代的社會，是一個非常競爭的社會。若是根據競爭原理的方式來生存，那麼，這個社會將變成不是自己被排擠、就是將他人排擠掉的競爭情況。雖然，競爭原理的方式也是建立現代文明的原動力之一，但是，如果將競爭方式貫徹實施到底的話，會有什麼變化呢？果真如此，社會將成為一個朝向互相毀滅、衰亡之路前進的社會。

　　佛教的經典之中，最廣為眾人讀誦的是《觀音經》。這是一本解說觀世音菩薩，以自由自在之神通力拯救世人的經書，經文中有此語：「或在須彌峰，為人所推墮，念彼觀音力，如日虛空住。」

　　須彌峰係指須彌山，是聳立於世界中心的一座巨大的高山，我們可以將其想像為中印國境上的埃佛勒斯峰。須彌山是高的意思，也可以表示高位。何謂高位呢？當我們要登上富士山時，須從山下往上爬，一直爬，歷經多番辛苦後，才登上山頂；當我們愈爬愈高時，往下一看，便可以看見更加廣闊的地區。人類的年齡和社會地位，也是與此情形相同，年紀愈大，社會地位就愈高，人生的經驗也愈豐富，同時，更能舉目環視廣大的人世間。

　　地位、名譽，對人類而言，具有不可思議的魔力。例如若同年的朋友，一旦比自己先升職為課長、經理，那就令人開心不起來了。人類無論是誰，都信任自己的能力，因而對於別人的成名發跡，總是覺得無法稱心如意。特別是自己最

親近的朋友，一旦出名發跡，更是令人不快。

　　「須彌峰」係指最高位。已經登上最高位者，就無法再往上升職了。若以相撲界而言，最高位是橫綱；若以政治家而言，最高位是總理大臣（總統）；若以公司而言，最高位是社長（總經理、董事長）。人類以追求這些高位為目標，而展開激烈無情地弱肉強食、針鋒相對地爭鬥。但是，不知道他們有沒有想過，一旦登上最高位後，結果會變成怎樣呢？那只有剩下退休、辭職、降職一路。人類到達最高位時，必須適時考慮辭職、退休之事。由於權力使人變得盲目，所以，有很多人執著於地位不放，而失去應該辭職的時機，往後甚至發生困倒在路旁的情況。《菜根譚》中有「謝事，當謝於正盛之時」一語。「謝事」乃指辭官、辭職。在全盛時代辭官，急流勇退，才是最佳的選擇。

　　經文曾云「為人所推墮」，被人排擠是人生中常有之事，特別是在像現代競爭如此激烈的社會裡，若不與他人競爭，就無法生存，這也是事實。所以，在社會上常常會發現有扯人後腿的事情。雖然，扯人後腿表面看起來似乎是對自己有利，其實，經常會變成是自己阻礙自己的原因。

　　《菜根譚》中又有「處世讓一步為高，退步即進步的張本」之語。意思是說，處世不要比別人先出頭，讓一步者乃顯尊貴。其實，退一步即是前進一步的伏潛與準備；雖然謙虛的美德，在現代的社會已經有些行不通，但是，與其扯人後腿，阻礙他人，還不如希望能夠保持自己讓路、退一步的

作風。因為，別人是別人，我是我，絕不會因為排擠他人、扯人後腿，就能提昇自己的能力，增加自己的福德。

　　為人類所尊敬的，究竟是什麼呢？乍看之下，好像是尊敬這個人的人品、知識、教養、人格，其實，在很多情況下，人們所尊敬的並不是此人的人格，而是尊敬他的地位、權力。《菜根譚》中說「我貴而人奉之，奉此峨冠大帶也；我賤而人侮之，侮此布衣草履也」。「峨冠大帶」是指高冠大帶，亦指高位高官的禮服，「布衣草履」是指棉布衣服、草鞋，表示一般庶民的服裝。人們尊敬自己，是尊敬自己的榮華地位，是為了這個頭戴高冠，身穿禮服的外表。由於貧賤而受人侮辱，那是因為身穿棉布衣服，腳穿草鞋的緣故。如果能這樣想，那麼，便知他們尊敬的不是人格品性的價值，只是對其地位表示敬意而已，所以，若因他人的尊敬而沾沾自喜，是無意義的事情。由此可知，別人輕視自己，其實輕視的只是自己的衣服、地位而已，所以，我們沒有必要為此生氣。

　　當我們觀察別人時，特別是在鑑定某些人物時，經常會發現他們的缺點，但是，卻很難發掘他們的長處。由於我們所看到的，都是很容易發現的缺點，因此難以推舉他人的人品，並且也會因此而錯失了解對方的長處，所以，我們常常誹謗他人而不自知。

　　由於使用的方法不同，所得到的效果也將不一樣。若是使用得當，短處也可以變成長處，反之，則長處也可能變成短處。其實，我們只要比較武士刀和小刀的用途，便立即可

知有何不同。若將武士刀用在日常生活上,如用武士刀來切紙、削牙籤、剝柿子皮、水梨皮時,刀則顯得太大而無法像小刀那麼好用。但是,一旦武士在敵陣挑戰敵方時,小刀就沒有任何用處,此時必須要有武士刀才能派上用場。所以,小刀有小刀好用的地方,武士刀也有它的用處。人也與此相同,由於各人運用能力的方式不同,因此也有幫得上忙和幫不上忙的,我們若一概僅以短處視之,也是對人的一種誹謗。

此外,對於他人加諸於己的毀譽褒貶,也必須以寬大的心胸接受。佐久間象山先生說:

> 人雖譽己,於己何加,若因譽而自怠則反為損。人雖毀己,於己何損,若因毀而自強則反為益。(加藤咄堂《修養論》三三四頁)

我們必須銘記,無論受到任何的毀譽褒貶,對於自己本來擁有的價值不會有所增減。

對於評論有關人生的價值,古人云「蓋棺論定」,觀看人生時,我們也必須由死觀生,以仔細思考人生的真正意義。我將由死觀生的價值觀稱為「無相之價值觀」(拙著《現代人的佛教》,月刊筆社)。

若是將追求物質、錢財為基礎的價值觀,視為「有相」的價值觀,則「無相」係指以透徹之眼洞察人世,知悉世上之所有事物,皆是由「無常」、「假有」之事物所組成。相對

於認為今世是永遠、確實、絕對的，並以追求滿足欲望為至上的有相價值觀而言，事實上今世只是我們暫時棲宿之處，人終究會死，而由死觀生即是無相之價值觀。

人類究竟從何而生、要往何處去呢?《金剛經》的經文中說「一切有為法，如夢、幻、泡、影，如露亦如電。應作如是觀」。有為法，是指依據因緣而暫時構成的生滅世界，即是現象世界，意指人世中之所有事物，都是有如夢幻、泡沫般的存在。若能以此觀點觀看人世，那麼，我和他人互相仇視之事，是多麼地枉然、不智呀!

如果能將人類的謀生行為和自然運行，全部都看作是如同泡沫般地短暫存在，那麼，我們便能以客觀的態度觀看人生。而生活在充滿污濁、欲望的人生當中，我們也可以目不轉睛地看著生活在物欲中的自己。當自己自覺到早晚會面臨死亡時，就不得不仔細地去體會生存的意義。

宛如仰望天上無數閃爍的星星時，才能領悟到地球的渺小，體會到人類的存在，也是一件微不足道的事情。若是我們也能夠如此，以無相價值觀為依據而深思，那麼，我們確定能重新去認識那個以為只有今世才是絕對存在，唯有追求欲望才是生存意義的有相價值觀。

當時──活在當下

禪宗二祖慧可從達摩處獲得佛法，當時，達摩曾對弟子道副言「汝，得吾皮」，接著對尼總持講「汝，得吾肉」，再

接著對道育說「汝,得吾骨」,最後則對慧可言「汝,得吾髓」;
此事可以從禪宗的資料上得知,道元也曾引用此一得法之因
緣(《永平廣錄》第一)。當達摩將禪之真髓傳授給弟子時,
開口先說「時將至矣」。唯有此時的時間與地點完全一致,才
是絕對的一時。道元說:

　　得髓傳法,必依至誠、信心。(《正法眼藏》〈禮拜得髓卷〉)

　　由此可確知,「當時」能夠獲得佛法,必定是因為至誠、
信心所致。但是像至誠這樣的名詞,現在已經很少有人使用,
而且,即使是在人與人之間的來往關係中,現在也幾乎無法
像以前那樣,能夠做到為親友竭盡心力之事。

　　就工作、學問、藝術而言,人類不會對於目前僅有的成
就而感到心滿意足吧!因為一般人認為不進則退,維持現狀,
便是象徵落伍、退步!人的一生之中,總會覺得現在所有的
不夠充足,不足以安養晚年,因此不斷地努力奮發,一直到
最後,死亡終於來臨,這是發生在人類生命中的真實情形。
但是,如果從後人的觀點來看,應該會欣賞這種一直認為自
己目前的成就還不行,而立志一生必須貫徹努力的人;同時,
他們也會讚許這種充滿奮鬥過程的人生,而且對於如此充分
完美地完成生涯工作的風範,予以肯定和尊敬。《葉隱》中針
對此種情況道出:

於修行言，無至此之成就。思成就之時，即背道而馳。
一生之中，盡思不足之處，乃至死至，後人見之，乃成
就之人。純一無雜，打成一片之事，人生之中難以兼顧。
混雜之物非道也。〈奉公武〉篇中有關一片之事應留心。

此處引用「純一無雜」、「打成一片」之語，其中純一無雜與
先前引用道元之言「至誠」是相通的吧！

有句話「現在是當時，當時是現在」（《葉隱》），這是一
句可以用來描述，當武士面臨緊急時刻時其精神狀態的用語
吧！但是，對佛教而言，這句話有更深的含意。道元以「而
今」來表示「現在」的意思，亦即現在的一瞬間，包含著無
限的過去和未來。這不是一句只用單純、概念性的方式去思
考便能理解的話，而是必須經由實踐，才能夠真正有所體會、
領悟的話，此事清楚地告訴我們，每一瞬間都應該珍惜當下、
認真生活。由此可知，道元的思想背後，潛藏著強烈的無常
觀。

念念不止，日日遷流，無常迅速，乃成眼前之道。非待
知識經典之教。亦非念念而期明日，應思當日當時，來
日不定難知，應思以今日僅存之命追隨佛道。（《正法眼
藏隨聞記》）

道元認為「當日當時」之意，的確是指「而今」，在念念不止、

無常的人生之中，絕對不可期待還有明天。人生只有一次，
因此，我們必須思考唯有把握「當日當時」，奮發向上、努力
工作，才能夠不虛度此生，千萬不可期待因為還有明日而虛
度今日。所以，道元的立場是只要今日為佛所用之生命尚在，
就應跟隨佛道而行，而明天，只不過是一個希望而已。

真誠之心

常朝居士的語錄《葉隱》中有下列的敘述：

無不可成之事，此念一起，將撼動天地，萬事皆可成。
因人無積極之心，故未能起心動念。然撼動天地者，只
在當下，一心之界即可。

天底下沒有做不到的事情，一旦有想要做事的熱情，此念一
起，便如同擁有動搖天地的力量一般，但是，必須全心全意
毫無雜念，專心致力於一件事情，才能成功。無法起心動念，
不是因為沒有能力，而是因為缺乏幹勁，所以無法積極打拚。
其實，能夠動搖天地的，唯有一心一意，而不是勉強使勁。
至道無難禪師以一首詩偈來描述此種情形：

若思萬事皆修行
身體磨練之苦將立即消失

人生在世，不如意之事十之八九，所以，令人痛苦的事情非常多。如果我們能將磨練身體的痛苦，當做是一種修行的話，那麼，這些身體上的苦痛，必定可以化為雲煙，而消失無蹤。雖然修行一語，在現代的社會中已經非常少見，但是，我們內心十分明白，凡事都需要修行。如果不喜歡使用修行一語，其實，也可以運用鍛鍊、訓練之語。總之，我們必須早晚鍛鍊頭腦、身體、精神，才能成為有用之人。

《葉隱》中雖有解說必須要「一心」修行之事，然而在《澤水假名法語》中則說明如下：

> 所謂一心，須一心修行，如武士須專心致力於武道，農
> 人須專心致力於耕種，貴賤男女應各自盡職，此乃佛法
> 信心也。信心，即為真誠之心。持有真誠之心，諸宗諸
> 道諸藝中，應無惡人。一心貫徹無捨，則諸宗諸道諸藝
> 之中，應無心黑邪曲之善人。

什麼是「一心修行」呢？依照上述之文所講解的道理來說，就是如同武士應該專心致力於武道的修鍊，農民應該專心致力於農耕一樣，所有的人都應該透過自己的工作來修行。信心即是真誠之心，一心也正是真誠之心。沒有人會去責難一位以至誠之心做事的人。任何職業都相同，如武道、茶道、香道等技藝之道都是一樣，必須要有至誠之心，才能達成目標，而佛法的信心也是與此相同。所以，道元道破「得髓、

傳法之事，必定因至誠、信心之故」(《正法眼藏》〈禮拜得髓卷〉)。至道無難禪師的詩歌中有：

　　心依至誠之道而行
　　亦可無須神之守護

神即是「心」，因此，若本著至誠之道而行，即不必有神，可以不需要有神的保護。至誠之道即為「一心」，所以此處沒有是非得失。至誠之道，即是必須遵照天道而行，亦即成佛度眾之事。成佛，係指持有至誠之心，擁有一心不退轉的勇氣。

改變相貌

　　佛典中有說明，偉大的佛陀具有三十二相。三十二相是指開悟者，身體上所持有的三十二種特徵。我們可以從三十二相中挑出幾種來看看其特徵：像是頭頂有肉髻，額頭平坦，有著深藍色的瞳孔，牙齒整齊、潔白光亮，聲音嘹亮，皮膚有如黃金般地光滑，體格宛如獅子般威風凜凜，手足柔軟等等。卓越超群的覺悟者，確實是自然而然地便具有與其精神相符合的身體特徵。也可以說是他們的深遠精神顯現在身體的特徵上，體格上的高大，尤其是呈現在臉上的慈悲精神，更是與眾不同。眼睛是靈魂之窗，只要我們目不轉睛地注視著對方的眼睛，就能清楚地了解此人的人品和氣魄。目光炯炯，是形容一個人的眼睛光亮無比，而目光銳利清澈的人士，

確實是比較能夠將所有的心力，全部投入其所熱中的一個事業，或者是學問，或是藝術。在常朝居士論述人類生活方式的純粹性和竭盡全力特質的《葉隱》書中，有以下的說明：

> 觀人之相乃大將之要事。據聞正成於湊川交與正行一書，傳聞書中盡是描述眼神之事。乃知人相之中，隱藏有重大秘密。

由此可知，觀察人的相貌，對於將領而言，是一件十分重要的事情。卓越優異、長年朝夕鍛鍊的人，只要觀看對方的相貌，即能完全看透此人。正成（楠木正成，日本南北朝時代之武將）交給正行（正成之子）的一本書中，畫的全部是眼睛，其真正用意應該是為了強調雙眼的重要吧！究竟要如何做，才能使相貌變得令人歡喜呢？《葉隱》之中對於此事，解說如下：

> 優雅之行持，需不斷觀鏡而加以調整即可。此乃秘藏之事。世人不善觀鏡，故行持不美。

要使自己的姿態端正、相貌堂堂，必須經常不斷地照鏡修飾改善。早上起床看著鏡中的自己，醉酒時，鏡中出現的是酒醉的面貌，而失眠時，臉上便出現睡眠不足的樣子，身體的狀況全部都會在臉上顯現。心中所思之事，也會顯現在自己

的容顏之上。臉色不好，不僅是身體失調時才會出現，在精神上有煩惱、著急、因無法滿足欲望而煩躁不快時，也會出現。所以，吾人每天的精神生活如何，可以說都會寫在臉上。因此，對於自己的相貌，我們必須負起責任。要努力、要改變自己不好的容貌，可以透過不斷地修行，而使其變得容光煥發。然而，對於自己難看的模樣，若是不思改變，也只能一如往常，繼續保有讓人難以恭維的面貌。

　　人類經由修行而能改變的，不僅僅是容貌而已，其他如身體、動作，全部也會因為修行而變得優雅、超凡。據說真正的禪僧，歷經長年累月的修行，從走路方式開始，皆與一般人不同。精通武術或劍道，或者是精通某一項特殊技藝之人，其舉止、風度也與普通人不同。《葉隱》中對於透過人類的舉止、風度，而能展現出其威嚴、力量之說明如下：

　　　　所見之處，一如原樣，人們持有之威嚴皆可顯現。謹慎、謙恭處亦見其威嚴，安靜之處亦見威嚴，寡言之處亦見威嚴，深諳禮法處亦見威嚴，禮儀繁重處亦見威嚴，緊咬臼齒、目光銳利處亦見威嚴，處處所見之威儀，全部皆會顯現於外。

可見，一個人的舉止、風度是無法掩飾的。因為，各人所擁有的氣質、學識涵養的程度、心態，在言談舉止之間，將會表露無遺。如此一來，我們就只要能保持原有的安靜、沉默

寡言、有禮儀、眼神精銳的風貌即可。每天照著鏡子，直視自己的內心，我們應為端正容貌、莊嚴儀表而努力不懈。

　　每個人都會擁有屬於自己所擅長的部分，而這些也都將一如原樣地顯示出來。由於符合各人所擁有的專長，而顯現於外的威嚴是自然而然地流露，所以，無論怎麼虛張聲勢都沒有用。展現於外的威儀，如態度、舉止、言談方式、禮法、禮儀、目光等，都不是真正的威嚴。真正的威嚴，係指必須要「不可輕浮，以正念之處為根基」。因此，端坐於正念之處，自然而然地會流露出自己所應具有的威儀。

　　提到威神力，會使人聯想到那些有特別超能力、神通力的事物，其實那些都不是威神力。而提到神通力，又會讓人以為是那種在空中飛行、在水中行走的超能力，事實上，這種超能力也不可能存在。總而言之，平常心就是神通。「各種日常行為的動作，如喝茶、吃飯，皆為神通」（《小川弘貫語錄》）。佛因無相，所以，佛具有非常驚人的威神力。即使是魯莽、狂妄終會歸於寂滅，即使是怒火燃燒，也會有沉寂之時。雖說真正的神通、真正的威神是指平常心，然而，為什麼平常心能具足神通力呢？對此，《殺人刀》中有以下的解答：

　　道者之心如同明鏡，因捨一切執著，是故清明，無心所為之一切事，無一欠缺。此乃平常心，以此平常心行一切事之人，是謂大師也。

大師之心如同明鏡，鏡「空」，因而是「無心」，必須要如此，才能照出全部事物。平常心即指無心，透過無心之心觀看事物時，才能映出事物的真實之相。觀世音即因無心，才能照應一切，觀看所有眾生的心願，觀看其心中所興起之所有怨賊。惡魔、惡鬼一接觸到佛的無相之相時，就會立即退散，這可以說是因為佛陀的威神力，神聖不可侵，而且又能自由自在地使用。《活人劍》中有關神通的說明如下：

> 神僧可自由自在地行動，說任何話、做任何事，皆合情合理者，此即稱大神通、大機大用。所謂神通神變，並非是指由虛空降至鬼神之事，而行不可思議之事，亦非神變。神變係指任何行事，皆可自由自在。

神通神變，並不是指天降鬼神行不可思議之事；禪僧自由自在，由於其一舉一動合情合理，所以才是神通。相同地，佛的威神力確實也是可以自由自在地使用。然而，自由自在地生活，對我們而言，卻是困難重重，因為，只要心中稍微有一點執著，便受到束縛，這就是人生的實際景況。

在家信眾的精進之道

　　由於我們過著居家的生活，所以，無法適應出家人的修行之道。出家人必須割捨親情，而至寺院修行，並且須在深山幽谷中坐禪，以達徹底大悟之境。其實，我們也沒有必要

成為正式的僧侶。既然如此，那麼，有沒有在居家生活之中，也能自我精進的生活方式呢？關於此事，《澤水假名法語》中有下列的解說：

> 信心精進之事，非捨世間職業，亦無須有特別竅門，要生活安住應先有信心，要信心應先專心工作。人不似鳥畜，無法赤裸生活，須有相應此人之衣食、住居。如此，凡人生活中，唯心境精進時，始得真誠之心。而無違背神佛聖賢之教誨。

信心精進，並非是要我們捨棄世俗的工作，全心全意地修行，同時，也不需要採取特別的辦法，因為，人世間的工作與信心，兩者必然是合為一體。徹底工作就會產生信心，而信心就是徹底做好自己的工作，並能幫助社會和他人。「要生活安住應先有信心，要信心應先專心工作」這的確是一句名言。人類不能像鳥畜一樣，裸體過生活，所以，必須要有食物、衣物和住處。因此，為了衣食住，就必須要謀生。唯有在如此平凡的日常生活中，仍然能夠不忘用功精進，才能真正得到真誠之心。

　　雖然生活在如此忙碌的社會中，很難抽空前往禪寺打坐。但是，在東京像駒澤大學，就有舉辦星期天的參禪會，時間是每個星期天上午九點開始舉行兩個小時。參禪會的課程很單純，首先在禪堂打坐一個小時，之後有一個小時講解佛教

經典、禪語錄。除此之外，鎌倉的圓覺寺也有居士林（在家求道者修行的地方），那裡有專門的禪僧，指導有關禪的修行課程，初學者可以先到這樣的道場，依照規則學習坐禪的正確姿勢。

在公司或學校等職場上班的人，幾乎沒有坐禪的時間，所以無法正式打坐。當然，我們不能期待自己和在禪修的專門道場中朝夕鍛鍊數十年的人一樣，能夠達到徹底大悟的境界，因為，這不是一般人所能做到。至於，如何在日常生活中，有效地運用坐禪的精神？我認為多思考此點將是在現代社會中有效活用禪的最好方法。

有志想要參禪求道的人，也許可以像本書的第一章敘述有關西田幾多郎博士《日記》中的記載一樣，持續每晚打坐。近代，有許多的在家眾，也是每天進行打坐，其中可以山岡鐵舟居士為代表。能夠持續每天打坐一炷香，大約是三十分鐘的人，就是上等根器（擁有卓越能力）之人。

何謂誦經三昧

坐禪，確實是比誦經困難，因此，平時讀誦經典的人非常多。早晨誦經，也是一種維護健康的好方法，特別是有益於鍛鍊呼吸。一般而言，大部分都是讀誦《般若心經》、《觀音經》。早晨沒有時間的人，也有的是利用晚上的空檔誦經，誦讀完之後才去休息。其實，誦經也能有機緣進入一種三昧的境界。讀誦《般若心經》、《觀音經》時，可以採取半跏趺

坐（將左腳放在右腳上打坐），或是結跏趺坐（兩腳雙盤的正式打坐）的姿勢，而進入誦經三昧。

應該採用何種誦經方式較好呢？以下是白隱的說明：

所謂法華三昧之修法，即是自今日起下定決心，無論苦悶之時，艱苦、高興之時，睡覺、清醒之時，坐下、站立之時，皆能一心一意、絲毫不間斷地念誦《法華經》之全名——南無妙法蓮華經、南無妙法蓮華經。唯有此經名是杖、是柱、是依靠，務必看透《法華經》之真實面目，心懷弘願而念誦不止。盡量使呼氣、吸氣，皆能如經名般地有順序，而且，確實毫無間斷地念誦。若能毫不懈怠地念誦、持誦，不久，內心將趨於清澄，猶如撲通一聲，放下心中之大石等物，而隱約之間，亦可自覺已達到一心不亂之境界！此時切莫立即停止，應念誦更多。不知不覺之中，將會達到昔日已經有所聽聞，因全神貫注修持而得正念之境地，此時，平生之意識、感情將完全消失……突然之間，如同已經歷大死之人一般。（參照鎌田茂雄《日本之禪語錄十九—白隱》二一九頁，講談社）

由此可知，白隱認為從念誦《法華經》的全名，徹底成就誦經三昧中，才能夠體悟《法華經》的真實境地。

接著，白隱講解讀誦《延命十句觀音經》的方法如下：

若有人欲如法持誦此經，須淨心、一日齋戒沐浴，閑居
一室，鋪厚物而坐，端然正坐豎起脊樑骨，真實以口念
誦此十句經，並專精謹慎觀察念頭。(《八重葎》)

如果想要真正確實地讀誦《十句觀音經》，首先必須清淨
身體，然後，於房中鋪上厚墊，挺直背骨而正坐於上，全神
貫注讀誦此經，並於心中觀想觀世音菩薩。坐姿，可以採取
禪坐的方式或是正坐。但是，絕對不可心神恍惚、注意力不
集中，只在口中誦念而已。必須要全身用心，以三昧王三昧
的正念工夫徹底讀誦。呼吸方式，可採用《夜船閑話》中所
說明的腹式呼吸。切記，勿使心氣、血氣往頭上衝，重要的
是要將心氣疏導至足下。如同白隱所言「大凡養生、維持長
壽之要點，猶如鍊形，鍊形之要，在於長養精氣神，凝住於
丹田氣海之間」(《夜船閑話》〈序〉)。意思是說，要導引心氣
使其入於丹田氣海中，並且持續正念工夫。

讀誦《延命十句觀音經》時，無論是發出聲音念誦，或
是在心中默念，都必須精進不懈，觀想自己猶如已為觀世音。
因為，此經真正的意義、生命，即是在講述觀世音與自己合
為一體不二的境界。精進，乃是一日一日累積而成，是一瞬
間一瞬間的珍惜把握。人生，無法重新來過，同時也無法回
到以前。白隱說：

吾輩亦需經三、四十年之精神歷練，方能於定力上稍有

進境。

　　由於有三、四十年的正念相續、精進用功，才能養成決定、判斷的能力。所謂念念相續，係指不斷地集中心力之事。無論是何種工作，只要朝夕鍛鍊二、三十年，最後，終究能夠成為該項工作的專業人士。

立　禪

　　實際上，進行坐禪有困難時，可以採取較為一般社會人士所能接受的方式，如簡單的立禪和動禪。立禪是指站著行禪，而動禪即是指太極拳。

　　楊名時居士的《太極拳——中國八億人民的健康體操》（文化出版局，一九七八年）中，對於立禪有下列的敘述：

　　　因立禪乃指站立行禪，以求無我無心之內在安靜，以摒除一切雜念為原則。實行之方法為雙足稍開有如肩寬，膝蓋微彎，氣集中於丹田，雙手自然放置於兩側。此即進行太極拳前之預備操。

　　立禪和柔道相似，必須將自己溶入自然之中，與自然成為一體，同時，以正確的姿勢站立行禪。根據楊教授書中的教導，初學者需在腦海中，描繪、觀想富士山的美好、清淨，並依此來統一意識。除此之外，我認為數呼吸的數息觀也是

不錯的方式。立禪之時，舌抵上顎，一抵一離之間，自然而然地會產生唾液，這是十分有益健康之事。立禪，是進行太極拳之前的準備動作，目的是使心氣集中、心力專一。

　　立禪，不僅是在進行太極拳之前要做，搭乘火車、捷運、公車時，如果是站著，也是隨時可以做，這對於淨化心氣有很大的幫助。

動禪——太極拳

　　太極拳，是經由古代中國而傳來的一種拳法。原本是中國傳統武術之一，現代則已將其發展成一項技能，此項技能可以應用在醫療身體方面。我曾經在訪問中國時，發現即使是上海、北京，一早的公園內即有很多民眾專心地在打太極拳；這種情形，不是只有早晨才看得到，一整天當中，都有老人在公園打太極拳。依照諸橋轍次氏的《大漢和辭典》所記載，對於太極拳中的「太極」說明如下：

　　宇宙之太元氣。乃為構成宇宙之陰陽二元氣之根本。

　　還有，太極也與無極相通。沒有極限，可以無限度地轉動，而且能夠不停止的，便是太極拳的真義。太極拳又稱為長拳，長拳之長乃是長江之長。長江悠悠長流，安靜緩慢而流動不止。太極拳的確是能夠將宇宙之氣秘轉於身體，雖安靜不著力，卻又能持續轉動不已。

　　我在上海的公園裡，看著彷彿已達無心之境的民眾，全神貫注地打太極拳。他們完全不會受到周圍旁觀民眾的影響，只是心無旁鶩地進行打拳，打得好也可以，打得不好也無妨，他們認為只要自己盡力而為，一心一意地舞動著太極拳即可。

　　根據楊名時居士在《太極拳》中的解說，太極拳，是綜合了吐納術（吐出濁氣，吸入新鮮之氣，即是腹式深呼吸運動）和拳術（以腰部為中心，著眼於配合手足的平衡）以及導引術（以腰部為中心而彎曲、伸展身體的運動）等三種武術，而完成的一項新式的武術體育運動。因此，結合意識、呼吸、動作三者，來作為鍛鍊意志、鍛鍊心氣、鍛鍊身體的技能，即是太極拳。

　　據傳，太極拳的祖師，是北宋的道士張三丰。他是在修得少林寺拳法之後，再將該套拳法改為輕柔緩慢、由動轉靜的拳法。根據傳聞，少林寺拳法是開始於達摩大師。若說太極拳，是由少林寺拳法改變而來，那麼，禪與太極拳之間，也不能說毫無關係；太極拳的精神，其實是取自儒、佛、道三教的優越教理，並將其相互融合而成。太極拳種類繁多，如陳家太極拳、楊家太極拳等，現在，廣為民眾所採用的太極拳法，是新中國制定的簡化太極拳。現代一般的中國大陸民眾，在學校、工廠、公園等處，所進行的就是這種簡化的太極拳，最近的《人民中國》雜誌上，也有以圖解的形式，來說明太極拳的打法。

　　打太極拳時，如先前所述，首先應該修行立禪，而使精

神能夠達到統一。太極拳主要是希望在輕柔緩慢的動作中求
得安靜，因此，又可稱其為動禪或行禪。練習時應依照楊教
授的指導，在無心、無我的境界下，緩慢、柔和、愉快地進
行。

　　相對於太極拳，以健康身體為主旨的「八段錦」而言，
最重要的則是呼吸的方式。道教的呼吸法，是依照胎息法而
來。呼吸，必須要以緩慢、長遠、輕柔、安靜的方式來進行，
才能達到效果。

　　動禪，指的正是中國拳法的太極拳。衷心地希望現代忙
碌的上班族人士，能夠每週抽出兩個小時的時間，固定到太
極拳的道場一次，期待可以經由練習太極拳，而達到身心靈
的自在安詳。

禪宗之成立

一般認為，禪和淨土教之間，存在著很大的差異，
但是，對於解決問題的動機，兩者卻是相同。
而希望在現世能夠成佛的動機，
正是推動、產生淨土教與禪的最大原動力。

禪宗在佛教中的地位

　　禪宗，是屬於大乘佛教的一個宗派。在印度，禪，代表著一種以打坐的方式，來追求真理的修行方法；但是，在中國，禪宗，則是以一個宗派的形式出現。首先，我們必須要知道，禪，究竟是代表什麼意思？梵語中的 dhyāna，其俗語是 jhāna，而譯成漢語時，是將其最後的母音 a 省略，只取 jhān，取其音譯為「禪」，所以，禪，這個文字的本身是沒有任何意義。

　　原來的 dhyāna 有何意義呢？它被翻譯成各種漢語，有的譯為「靜慮」，也有的譯為「思維修」。其實，它原本的意思是靜下心來，一動也不動地集中心力，或是安安靜靜地穩定思緒，將注意力集中在一件事情上。在印度，也是以此種方式來進行，就是全神貫注在一個對象上面。這個對象，在佛教裡，是以「境」來形容，因此，集中心力於一個境界的修行方法，即是坐禪。印度方面所進行的禪修，也是採取與此相同的方法，就是集中心力，專心冥想，換句話說，即是「三昧」。除此之外，梵語中的 Samādhi，現在也是以三昧的意思來表示；原來的意思則是集中心力於一個對象，而進入無我的境界。

　　如此之禪，在佛教之中，佔有何等地位呢？若以佛教的教理體系來分類，可分為「戒學」、「定學」、「慧學」三類，而禪則相當於第二類的「定學」。「戒學」如其文字所示，係

指戒律。《正法眼藏》中有說明戒律的必要性，《隨聞記》中
也有提到戒律之事。「慧學」係指經典之研究、註釋，即是經
由研究經典，而產生智慧。「禪」相當於三學中的「定學」，
因此，在佛教中佔有三分之一的領域，但這只是禪在印度佛
教中的地位而已。總之，禪在印度的佛教中佔有三分之一的
領域，所以，禪坐必須與戒律、研究經典一併進行。

　　然而，中國的禪，卻否定了這種觀點，他們認為能夠以
禪來統一戒、定、慧三學。

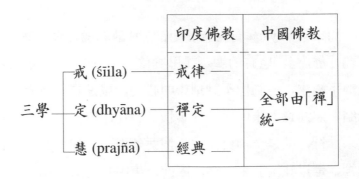

　　思考禪在佛教中的地位時，有一件重要的事情絕對不可
忽略，那就是在中國所成立的禪，到最後皆以在現世成佛為
目標。

　　印度佛教，所講解的是關於輪迴的學說。如果不是在印
度的話，那麼，輪迴的觀點，根本就無法在當地落地生根。
若是以現實論的角度來考量，印度，不僅是一個貧困的國家，
而且，也是一個存在著諸多病症，並為各式各樣的苦惱所圍

繞的國家。在這樣的國家裡，對於那些必須生存在現世的人們而言，生活愈是辛苦難熬，他們愈是希望來世能夠出生在美好、富貴榮華的地方。這種輪迴的觀念，所思考的不僅是人類現世的問題而已。它是將人類綿延不斷的無限未來也包含在內，而來思索現世的一種思想觀念。

　　具有此種意義的輪迴學說理論，是以印度社會為背景而成立。這樣的觀念也適用於佛教，可以用來思考成佛之事。成佛，如同是登上無限之彼岸。印度佛教認為，人類必須歷經生生死死，經過幾百萬年以後，才能夠到達佛的境地。我覺得這是一項很好的想法。人類生存的每一個剎那，都可以從永恆的角度，來觀照現世的一切。此外，也想要看見永恆之相的根源。如此，成佛便成為是無限長遠之事。例如，印度佛教的修行階段，大致可分為十地。據說，到達十地之一的初歡喜地的，只有龍樹、彌勒二人。世親，則是逝世之後，才登入初歡喜地。除此之外，沒有任何人可以達到。而我們這些凡人，更是不可能登上此地。其實，講解這種修行階段的佛教，在當時已經傳入中國。

　　中國人原本就是注重實際的民族，因此，在來世和現世兩者之中，當然是選擇以現世為中心來考量。而且，他們期待能在現世，便可以達成大徹大悟。禪與淨土教的出現，就是為了要滿足這樣的要求。一般認為，禪和淨土教之間，存在著很大的差異，但是，對於解決問題的動機，兩者卻是相同。而希望在現世能夠成佛的動機，正是推動、產生淨土教

與禪的最大原動力。

　　一般人以為，淨土教所追求的是來世成佛，所以，才會肯定輪迴的理論。其實不然，他們認為，來世能為大家帶來的是與現世相繼、永遠不會間斷的淨土。所以，當我們逝世之後，必定可以往生淨土。對現世之人而言，這項保障，毫無疑問地安定了人們的心。因為，逝世以後，若轉生為貓、為狗，那就是輪迴的理論。但是，如果死後絕對可以往生淨土，那麼，便與輪迴學說的理論相異。就好像是要去旅行時，事先已經取得畫好座位的列車車票一樣。沒有取得車票之前，心裡總是會不安；若是事先已有車票，便能安心工作，一直到上車為止。所以，淨土的觀念，使得現在的人可以安心修行。

　　禪所追求的當然也是希望能夠在現世成佛。意思是說，禪是要在現世生活之中求得使人安心的根據；而淨土教則是要在緊鄰現世的來世中追求淨土，同時也要在現世來進行自覺的工夫。總之，兩者都是為了要斷絕輪迴學說，而產生的宗派。中國的淨土教，是經由曇鸞、道綽、善導等人士的宣導，而流傳於後世。淨土教和禪，大約是在何時發展出來的呢？淨土教是在南北朝末年到隋朝時成立；而禪宗的崛起，同樣也是在南北朝時代。

佛教傳入中國

　　依據文獻的記錄，佛教進入中國，是在西元前二年，也

有傳說是在西元六七年。西元六七年的傳說，只是後來的一
種傳言，並不屬實。現在，學問上所能確認的都是以西元前
二年為主。但是，以事實的問題而言，據說西元前二年，也
是不正確的記載。是不是有可能是在西元前一百年左右時，
逐漸進入中國？這也只是一種推定。簡單地說，可以認為是
在西元前後，由印度傳入中國。印度佛教成立的時間，也是
難以確認，但可推斷是在西元前五世紀左右，大約是歷經五
百年後，佛教才傳入中國大陸。

　　佛教，最初是經由絲路進入中國。以現在的地名而言，
就是從阿富汗到新疆維吾爾自治區一帶，這是一條經過天山
南路或天山北路，然後可以到達長安（現在的西安）、洛陽的
路線。起初是商隊為了經營貿易，所以，遠從印度來到中國。
誰知途中商隊人員竟因遭遇狂沙風暴，而埋骨於黃沙之中，
或是因為被盜賊襲擊，而慘遭殺身之禍。此時，印度的西北
部，正受到希臘藝術的影響，因而有了佛像的誕生。商隊便
將佛像帶進自己的隊伍，如此一來，就很少遇到災害。因此，
大家認為帶著佛像可以免除災害，之後便養成隨身攜帶佛像
的習慣。其中，若與僧侶同行會更好，當遇到任何危險時，
只要請求祈禱就可以免除災難，從此以後，商隊便帶著僧侶
同行。

　　中國自古以來就有拜神的習俗，當佛教傳入時，更將以
金箔製作的佛陀聖像（也稱金人）與神像放在一起，增添神
佛恩德，接受大眾的參拜。當時大眾也抱持不妨參拜看看的

心情，於是佛教便漸漸地融入中國。(參照拙著《中國佛教史》第一章，岩波全書)

　　初期之時，眾人將中國固有的思想——道教、老莊思想與佛教擺放在一起，視為相同之思想而接受。一直到了南北朝時代，才漸漸了解佛教的真正教義。南北朝時代的南朝，是由宋、齊、梁、陳四朝，興替更迭。北朝則由北魏分裂為東魏、西魏，後來東魏被北齊、西魏被北周所取代，而北周又滅北齊，直到隋朝，既篡北周，又南下滅陳，中國始告統一。

禪宗形成的背景

　　說明禪宗形成的背景時，首先必須思考佛教之中，有關禪的分類為何?誠如之前所述，在印度佛教的戒定慧三學中，定學即相當於禪。因此，熱中佛教的有志之士，皆以坐禪為修行法門。《坐禪三昧經》是印度的禪經典之一。為了實現三昧，無論是哪位佛教界人士，都需要修禪。自古以來，禪經典都是經由翻譯而成。二世紀時，安世高翻譯《安般守意經》等，直到鳩摩羅什(三四四～四一三)時，又譯了《坐禪三昧經》。還有，關於中國佛教的行者，應該要如何去了解禪宗經典具有何種意義?對於禪宗經典的價值，又該如何思考呢?這些問題，在圭峰宗密(七八○～八四一)《禪源諸詮集都序》的禪學分類中，可以得到解答。

　　宗密將禪分為下列五類:

一、 外道禪

二、 凡夫禪

三、 小乘禪

四、 大乘禪

五、 如來清淨禪（最上乘禪）

所謂外道禪，即是指祈求能登上天界的外道之禪。例如，以印度而言，瑜伽派所修行之禪即是外道禪。

凡夫禪，指的是凡夫相信因果，祈求登天之禪。

小乘禪，係指小乘佛教徒所修之禪，其目的只求自己能悟道。只有覺悟到人類的實體是空，是屬於無我的禪法，稱為小乘禪。

大乘禪，乃指法我二空，知曉——主體與客體二者皆空——之禪法。

最上乘禪，即是指「頓悟自心，本來清淨，元無煩惱，無漏智性，本自具足此心即佛，畢竟無異」之禪法。此乃菩提達摩所傳之禪。

宗密對於禪所作的分類，實在是非常方便。前二者與佛教沒有直接關係，佛教所言之禪，指的是後面三者。從印度所傳來的禪經，大概都相當於小乘禪，也有一部分是屬於大乘禪。經由這些禪經，中國佛教行者才能實踐修禪的工夫。而頭陀行，則是實踐修行法的其中之一。實施頭陀行之修行，必須捨去一切而以乞食為生，並於樹下石頭之上坐禪，即必須捨棄僧官之位、寺院修行頭陀行。這些禪修行者，漸漸地

在禪林出現。

　　例如，創建嵩山少林寺的佛陀禪師、僧稠（四八○～五六○）等人，即是如此。僧稠在《續高僧傳》卷十六中，被稱讚為「葱嶺以東，禪學之最，汝其人矣」（讚賞其為帕米爾高原以東，即中國境內，最通曉禪學之卓越人士）。這位高僧，並著有《止觀法》一書。當時有很多人，修行坐禪與頭陀行，這些修行之人，曾向世人顯現神蹟奇瑞。例如，以手觸摸病患頭部而治癒疾病；渡河時，將河川一分為二，中間現出一條道路，可以徒步渡過。

　　此外，他們還擁有能使大商人皈依的巨大力量。譬如，撒馬爾罕人道仙（《續高僧傳》卷二十五），出家以前，經常來往於四川、浙江省之間，獲得許多財貨，儲存有數十萬貫錢，但是，仍不滿足。偶爾來到梓州牛頭山時，聆聽僧達禪師說法之後，領悟出執著生死、財物，會令人倍感空虛，因此，將船中財寶全都沉入長江，並捨棄妻子而出家。由此可知，佛教具有使人捨棄財寶、出家修行度眾的力量。

　　在法國有位專研中國事物的學者傑克·詹爾涅，他閱讀《道仙傳》後感動不已，對於佛教為何會擁有令人捨棄財寶而出家的能量感到懷疑，因此，深入研究佛教與經濟的關係，然後在西貢出版了 *Les Aspects Economiques du Bouddhisme*，此本著作，也是他的學位論文。而且，他也是將《荷澤神會語錄》、《溈山靈祐語錄》翻譯成法文的學者，最近甚至正在研究中國史。他在著作的序文中提到，因為閱讀《道仙傳》

後，才激發他研究佛教的念頭。

　　以新的立場、新見解，將小乘禪法或是大乘禪法綜合歸納而成的是，創建天台宗的天台智顗（五三八～五九七）。年少即以才學聞名的智顗，在金陵很受歡迎，三十八歲時，卻捨去自己的社會地位，隱居在充滿惡劣病症的天台山。三十八歲，可以說正是人生當中最佳的轉機時期。可是，三十八歲到四十八歲之間，他都棲隱在此，一心一意修行。幼兒時期，他的雙親亡故，於是，一個人在戰亂之中求生，在看見骨肉相殘的悲慘情形後而出家。然而，為了生存，又不得不依賴權力，而於當時依靠隋煬帝。他一生所深入研究的是，如何在世俗的人世間生存，而且又能實現真理。有生之年，人類總是無法離開塵世，所以，要如何才能夠在這樣污穢的人世間生存，同時又可以具體實現佛法真理，這就是他一生研究的主題。他認為首先必須直視人類原有的現實問題，在濁世之中求得生存，同時，也要去找出佛陀的生命。就在此種情況之下，天台教學說應運而生，其結果是完成一本嶄新、獨特，而且集南北朝時代坐禪觀念之大成的《摩訶止觀》。

達摩東渡

　　南北朝時代，有許多經典被翻譯，而佛教也漸漸在中國安定下來。但是，在那個時代，總是以研究經典為主。簡單地說，即是以追求研究學問為主。對於實踐方面的修行，並不太注意。就在這個階段，禪宗的開山祖師達摩終於來到中

國。

　　達摩來到中國，是在南北朝時代。根據傳說，中國南北朝時代，達摩從現在的河內與廣州之間上陸，然後到達現在的南京，以前稱為金陵。後來，又前往北方到達黃河流域，在嵩山少林寺住過一段時間。

　　傳聞，梁朝武帝曾向達摩請教有關功德的問題。梁武帝是一位十分維護佛教的帝王，在南京街道上也興建了很多寺院。他不但獎勵研究佛教學問，同時也做了不少的慈善事業。因此，梁武帝便問達摩：「自己如此地信仰佛教，應該有功德吧？」結果達摩的回答很奇特「什麼功德也沒有」。以現代用語來說，功德代表的是效果、利益，所以，達摩的意思是說什麼效果也沒有。梁武帝聽了非常驚訝，自己如此熱中於興建寺院、研究佛教經典，竟然沒有任何功德，這到底是怎麼一回事呢？因此而大發雷霆。

　　據說，後來達摩渡過長江，往北而行。其實，這些都是後人虛構、編造而成的傳說。另外，在佛教的經典之中，釋迦牟尼佛未曾直接解說任何教義。最初有此發現的是富永仲基，他是日本思想史方面的天才之一。

　　富永仲基曾經出版《出定後語》一書，此書是在論證佛教經典中，沒有一項是釋迦牟尼佛親口宣說的教義。若果真如此，那麼為何會有經典呢？富永仲基說：「那是因為使用加上法的原理而成的，無論是某種理論總有一個教義的原型，然後再與其他的學說結合，漸漸地就累積成經典。」當時的僧

眾們，知道有此說法後，十分憤怒地說「富永仲基真是混帳，說什麼佛教經典中沒有一項是釋迦牟尼佛所宣說之事，實在是豈有此理」。但是，從現在的研究文獻成果來看，其事實正如同富永仲基所說的一樣。

英年早逝的富永仲基，逝世於三十一歲之時。一般而言，像我們這樣活到中年以上的人，現在幾乎都沒做什麼事。因為要做的事情，已經在三十五歲左右完成。所以，即使多活幾年也是無事可做，只是無所事事地活著而已。富永仲基在三十一歲時，就能完成這樣一部著作，簡直是一位可以稱為天才之人。

達摩的《語錄》，也是和之前所敘述的情形相同，都是後來漸漸再補充上去的。我不太清楚基督教的情況，但卻認為〈福音書〉，應該也是一部由後人在最初的原型上，慢慢地添加一些事物才完成的作品。例如，起初只是看到復活之事，很快地卻發現，若是只是單純描述耶穌復活的話，的確是單調一些。於是，就增加在墳墓上放置大石頭，使其無法復活；不過，仍然可以復活，所以又派值班之人看守；即使是如此，還是可以復活。如此一來，故事的內容就漸漸地放大。達摩的情形也是與此相同，從歷史文獻上幾乎是無法得知詳實，能知道的只是在五二○年前後，達摩來到洛陽。當地有座鑲嵌著金銀的永寧寺，是一座宏偉、富麗堂皇的寺院。達摩看見此寺院時，感慨地說「印度沒有如此雄偉的寺院，但是，這只是外表富麗堂皇而已，此伽藍中並無真正的生命」，他在

嘆息之餘，一個人隱居山中。

面壁九年

　　從此以後，達摩便在山洞之中面壁九年，也就是說他面向牆壁坐禪九年，九年之中什麼也沒做。什麼都沒有做，實在是一件非常了不起的事情。換成是我們，如果不做一點點事，就會覺得心有不安。尤其是現代的生活，動向較為激烈，因此必須要時而有變化。在無意識中我們也相信需要有所變化，並且相信進化論是一項正確的論述。於是，大家以為只要迅速地、迅速地往前邁進，便是象徵著進步。由此可知，九年之間都面向牆壁禪坐，什麼事也不做，這確實是一件不容易的事情。達摩不僅是面壁九年而已，據說到他一百五十歲往生為止，都在坐禪。

　　期間，洛陽街道中時有傳聞，大家都說：「那邊的山裡頭，有一個精神失常的人，來自印度。做了什麼呢？什麼也沒做。沒有讀經典，也沒有誦經，什麼也不做，只是整日面向牆壁而坐。究竟那是什麼樣的人啊！」後來有一位儒者前往拜訪，此人便是慧可。他一再請求達摩收其為弟子，但是，皆未曾獲得許可。一般而言，在那種情形下，若是有人要求成為其弟子，師父們都會歡喜地說「好！好！」可是，達摩卻嚴肅地拒絕。

　　當時正是寒冬降雪之際，慧可跪坐在庭院裡。從早晨就開始請求，也未獲准進屋，此時積雪已覆蓋到膝蓋上面。第

二天清晨，慧可孤零零地坐著，只露出上半身在雪地中。達摩終於回頭向著慧可問「你真的有求禪的誠意嗎?」慧可一聽，突然舉起身上的刀，砍下自己的臂膀，向達摩表示自己的誠心。血在雪地中散開，展現出極其壯烈的情景。日本的知名畫家雪舟，將此情景畫成一幅「慧可雪中斷臂圖」。這是一幅慧可親身砍斷自己手臂的畫，大概是從南宋開始才有的畫。然而實際上，這也不是真實之事。

因為，曾經有慧可遭遇盜賊襲擊，而失去左臂的記載。所以，這應該是後來有人將此事與慧可成為達摩弟子一事，巧妙地結合起來，以致漸漸形成傳說，留傳到後世。

有則大約已歷經有三百年之久的有趣傳聞。據說達摩去世之後，舉行葬禮。當時，中國有派使節前往印度。返國途中，使節經過絲路的沙漠時，看見一位神似達摩的人從東方朝向印度方面歸去，此人一腳沒有穿鞋。使節感到十分奇怪，於是，返國後打開墳墓一看，發現達摩的屍體不見了，只留下一隻鞋子。這也是到了後世才有的傳聞。

總而言之，達摩是偉大的，足以留下驚世的傳奇。歷經二、三百年後，以達摩之形象來傳承禪宗之舉才漸漸擴增。而描繪沒有手足的達摩畫，則是從宋朝開始。有關達摩之事，可以確實知道的是他的確什麼也沒做，只是坐禪。除此之外，或許還生有鬍鬚吧！我們可以掌握的達摩形象即是：留著鬍鬚在坐禪。此人，正是中國禪宗的開山祖師。

達摩之真實生命

　　最初將禪傳入中國的是菩提達摩（後世也有將其寫成達磨），此乃無庸置疑之事。但是，關於達摩為何成為禪宗的開山祖師一事，卻不是十分清楚。在中國，宗派成立的時間相當晚，南北朝時代所稱的攝論宗、地論宗、成實宗等宗派，其實，只是日本鎌倉時代的凝然，為了方便自己創作中國十三宗，而自行予以加入，所以，對於那些宗派，實際上是應該要稱其為學派。

　　宗派自覺，必定要具備有下列兩個條件，方能形成。亦即是必須要與其他的宗派舉行論爭，在政治上也必須要有緊張的關係。天台宗、華嚴宗也是在中唐以後，才有屬於自己的宗派自覺。

　　禪宗的情況也是與之前所述相同，五祖弘忍的門下六祖慧能和北宗神秀的南北二宗的對立抗爭，雖是虛構，但其對於禪宗的開山祖師究竟是誰一事的重要問題，卻如同事實一般地出現在討論之中。當時，有一本記載北宗正式系統的禪宗史書《楞伽師資記》，此系統之禪宗是根據《楞伽經》而來的，其中是以翻譯楞伽經的劉宋的求那跋陀羅為禪宗的第一祖師，以達摩為第二祖師。

　　南北朝時代，達摩由印度來到中國，此時中國已有許多修習禪學的行者。例如，開創嵩山少林寺的佛陀禪師，以及被譽為「葱嶺以東，禪學中最為卓越之人」的僧稠禪師等，

此外，尚有南地的羅什的弟子、倡導頓悟成佛說的道生、寶誌、傅大士等，也都很活躍。但是，為什麼到了後期，禪宗無法將這些禪師，視為禪宗之開山祖師，卻以菩提達摩為開山祖師，其原因何在呢？總而言之，視達摩為開山祖師的理由是，禪必須經由實踐、實行才能真正體會，不能光憑禪的理論而悟道。因此，禪之實踐性、體驗性的宗旨是重點所在，與往常的教學研究全然不同。然而，這不是像不淨觀、白骨觀、念佛觀那樣，是屬於小乘的坐禪觀法，而是必須要實踐大乘壁觀的禪修，才能具體有達摩禪的本領。

當時的人們，對於實行大乘壁觀之事，有著非常深刻的印象，初唐的佛教史家道宣稱讚說：「大乘壁觀，功業最高。」

我不曉得是否有完整清楚敘述達摩事蹟的傳記，只知最為古老的達摩傳記是道宣所著之《續高僧傳》。《續高僧傳》是將所收錄之由梁朝開始一直到唐貞觀十九年（六四五）左右為止的人物事蹟，編纂而成的書籍。其中〈習禪篇〉的最初部分，有提及達摩與天台智顗、三階教的創始者信行等人的事情。達摩活躍於梁武帝時，若以五二○年左右來算，那麼，道宣大約是在距離此年的一百五十年後，才完成達摩的傳記。《續高僧傳》是一部內容十分充實而且豐富的史書，不過並無收錄禪宗第三祖師僧璨的傳記，儘管僧璨的年代比道宣稍早。而被稱為是天台宗開山祖師的北齊慧文禪師，其年代雖然比達摩晚些，然而，此書亦無收錄慧文禪師的傳記。

雖有學者採信《續高僧傳》或僅出現一點點有關達摩（不

知是否同一人物）記載的《洛陽伽藍記》等最古老的資料作其傳記，然而那只是因為資料古老而採信，至於是否能夠確實描寫出達摩的真正風貌，則完全是另一問題。後來的《禪宗燈史》，並不是所謂的歷史書，令人出乎意料的是，或許《寶林傳》、《景德傳燈錄》內的記述反而更為真實。其實，此處所指的並非是史實的真實性，而是其能將達摩完全擁有作為禪宗初祖資格的形象如實顯現。

　　上述之事，姑且不論，若是依據道宣的《續高僧傳》，則可以得知達摩是南天竺的婆羅門種姓，或據說是波斯國之人。他志存大乘，心悲身在邊地，為了將禪法傳入中國，而來到宋境的南越（大約是在四七〇年時到達中國），後來又至北地廣為宣揚禪學。之後達摩到了北朝的佛教文化中心地洛陽，看見富麗堂皇的永寧寺時說：「自我至一百五十歲為止，已遊歷諸國，尚未有未曾到過之處，但是，如此精緻華麗之寺院，印度沒有，其他地方也未曾見過。」（《洛陽伽藍記》卷一）永寧寺完成於魏朝熙平元年（五一六），傳聞十一年後，此寺曾遭受大風破壞，因此，達摩來到洛陽看見永寧寺之事，應該是在這個期間沒錯。達摩往生之年代不詳，據說大概是在天平年間（五三四～五三七）之前逝世於洛陽。也有一說是遭到毒殺，這是大有可能之事。

　　當時的佛教行者，只有注重經典講學和研究，沒有進行實踐的工作，達摩來到一個這樣的地方，一心一意勉勵大家實踐大乘壁觀，並對那些傳教者解說坐禪的必要性。如此一

來，當然也引起反對達摩的抗議行動，並引發對其產生許多的誹謗，而且還想要毒殺他，或許他是真的遭到毒殺也說不定。假定是被毒殺，那麼，當時的傳教者因為達摩的存在，而產生想要置其死地的怨恨，這究竟是為了什麼呢？唯有解開這個謎底，或許才是理解達摩真相的主要關鍵。

人類，最好是不要知道最後的真相比較好。傳聞，達摩在棺木中留下一隻鞋子，然後旅遊西域，越過蔥嶺，回到印度；也有傳說他乘著一葉蘆葦，飄然渡江而去。其實，達摩沒有死，即使是被毒殺，也不會死。

道宣所稱「大乘壁觀，功業最高」，其中的大乘壁觀指的是什麼呢？面壁九年，又是怎麼一回事呢？這是只知面壁坐禪而不明白其中道理之人，所問的問題。如果只是實行死禪，那就不是所謂的面壁。只有面壁而坐，並不能斷定其為「功業最高」。後世之人對於壁觀禪者的說明是「其心如同牆壁一般」。心變成牆壁，是怎麼一回事呢？鈴木大拙博士稱此為「壁立萬仞」（收錄於〈一禪者之思索〉《鈴木大拙全集》第十五卷）。

換言之，亦可說為「隨處作主，立處皆真」（《臨濟錄》，若能當場就地成為自己的主人，那麼，所在之處皆為真實存在）。此種信念，絕對不容許有絲毫動搖。而且，其本體必須是自由自在，不受任何拘束。眼見生命主體可以如此自由躍動的學者們，看到達摩的風貌時，必定是驚嘆不已。因此，慧可在請求成為達摩的弟子時，曾說為了要追求「安心」，所

以，請達摩務必收其為弟子之語。安心是指使心靈安穩，下定決心，安住於壁觀之事。無論看什麼書籍，都無法使慧可痛下決心。但是，對於被周圍之人視為精神異常的達摩，他竟以砍下自己的一條手臂，來表示請求成為弟子的誠心，慧可這股宗教的熱誠，究竟是從何處湧出的？這是我們必須注意的重要關鍵。

　　禪宗的開山祖師為什麼一定是達摩呢？其主要原因，即在於大乘壁觀之實行。因為，其他的人不管如何都無法做到。達摩禪並非承自道生思想系譜上之頓悟說，與天台止觀學說也無任何關聯。他只是以將要遭受毒殺的那種激烈、異質的生命，傳入中國大地，並以宣導坐禪之必要性為開始而已。禪宗和一般的教派不同，所依據的經典並非只有一部。《楞伽經》也好，《金剛經》也可以，任何經典都能夠靈活運用。最主要的是以修禪為生命主體的禪者，如果能將坐禪的經驗顯現出來，那麼，使用哪一部經典都無所謂。禪的傳燈，只是記錄著每一位禪者在「壁立萬仞」中，其實際行動之所有行為，如何授受而已。若是要說曹洞宗、臨濟宗、念佛禪、教禪一致等等的戲言之前，一次也罷，我們必須徹底透徹地去了解，達摩在中國的大地上，所實踐的大乘壁觀之新生命。

禪宗擴展之社會條件——北周廢佛

　　禪宗日益擴大，是有其社會條件背景的支援。這項社會條件，指的就是北周時代的毀滅廢棄佛教事件。以專門用語

而言，北周的廢佛，即是廢毀佛教的政策。這是北周武帝聽信道教道士之言，而對佛教採取大規模的鎮壓行動。

　　廢佛事件的導火線，起因是由占卜師為北周武帝占卜國運。占卜結果是：若有黑色之物，國家是不會昌隆的，要使國家興盛、國運昌隆，應將不吉利的黑色之物除去。於是，當時認為唯有去除所有黑色之物，才能使得國家興盛。首先是烏鴉遭到捕殺，接著是所有的黑色之物都不可以存在。僧人因為穿著黑色僧服，所以也是不行。表面上雖然以此作為「全面廢除僧侶」的理由，其實，真正的原因是寺院擁有許多的莊園，而且又有奴隸，若是任其不斷增加，將會威脅國家財政。所以，才要沒收全部的寺院。

　　大概是在五七四年的時候，興起大規模的廢佛行動。首先是將年輕的僧侶收歸軍隊，然後再轉為勞動役使用；對於年老的僧侶，則命他們蓄長頭髮，並禁止穿僧侶之衣。被沒收的寺院，則全部被用來作為貴族的豪宅。而遭受沒收的許多經典，也全數慘遭燒毀。歷史上記載，此次還俗的僧侶人數，大約有三百萬人之多。

　　當時，不願還俗的僧人就逃入山裡。山中沒有經典，也沒有住所，他們只好在樹木、石堆邊生活；無法研究經典，只有坐禪。在這種客觀的情勢之下，反而成為禪宗擴大發展的一個重大的條件與因緣。

　　在大規模廢佛之時，有些不願意還俗的僧眾們，就逃到長安以南的終南山上。朝廷方面，則派出官兵搜索終南山。

那時，有一位名為靜藹的僧侶，為了抗議廢佛而壯烈犧牲，此事也有被記錄下來。他選擇一處看得見武帝在長安都城的地方，瞪著眼睛而割腹自殺。他不但立刻拉出自己的腸子，還將其掛在松樹的枝頭上，然後立下誓言，無論轉世幾次，都要咒殺大規模鎮壓佛教的武帝，話一說完，即因傷重身亡。此人留下〈三寶集〉的簡短偈句。其中的內容，是寫著自己無法保護由印度傳入中國，而且已在中國這塊土壤上發揚光大的佛法僧三寶，因而對於自己的罪業，感到非常慚愧。

其他的人，更是逃入深山，完全過著樹下石上的生活。他們食用樹木的果實，飲用清水潤喉，在石頭上坐禪。就在此時、此種環境之下，所謂坐禪眾（坐禪的團體大眾），便即時產生。由於經典全部被燒毀，寺院也遭奪取，因此，只能以坐禪方式來宣揚佛法。而這個坐禪大眾的團體，指的就是這群在樹下石上坐禪的僧眾們。上述即是禪宗在中國擴展的一個相當大的背景因素。此外，慧可禪師也在北周施行廢佛之時，遭到追捕，後來逃到南方的長江流域。

華北的佛教行者，也因為廢佛行動而逃難到異鄉。由於經典遭到燒毀，能夠依靠的只有自己所具有的佛性，唯有相信自己所擁有之佛性，才能生存下去。這就是不立文字，不依靠文字的由來。禪宗，不立文字的宗旨，便是在這種歷史背景因素之下所衍生出來的。

傳入中國的佛教，在北周的廢佛政策之下，受到非常大的打擊。而從這樣的廢墟中孕育出來的是，隋唐佛教這個真

正的中國佛教。以下即針對此事，來作徹底的探討。在動亂的社會中，能夠安穩、支撐人心的佛教是什麼呢？當時，正值北周消滅北齊，後來，北周又被隋朝所滅。另一方面，梁朝為陳朝所滅，接著隋朝又滅了陳朝。在這治亂興亡的五十年期間，佛教行者只是單純地研究《法華經》，研究《華嚴經》，所以，無法得到亂世中民眾的共鳴。因為，在這亂世之中，面對自己的雙親、兒女慘遭殺害的民眾，他們所認真努力追求的是——心靈的支撐與安寧，而能夠在這方面，真正回應他們要求的，就是隋唐佛教。

禪宗的發展

　　禪宗的法統，是由達摩傳承給慧可，慧可再依序傳給以後的三祖僧璨、四祖道信、五祖弘忍、六祖慧能。在四祖道信的時候，首次成立共同生活的團體，即是將修行者聚集在一起，過著團體式的生活。到了六祖慧能時代，禪宗的修行道場才略具規模。慧能是從六三八年活到七一三年，正好是處於唐朝武后則天的時代。據說，慧能曾經著作《六祖壇經》；不過，另外也有一說，認為此經不是慧能所寫。根據傳聞，慧能的學問基礎不是很深厚，他過著的是砍柴、挑米的刻苦生活。然而事實上，他不但是一位學問高深的人，也是一位精通坐禪的人。傳言又說，慧能是遵照《金剛般若經》的指示，奠下坐禪的基礎；而除了慧能之外，其他至五祖為止，都是依照《楞伽經》，實行所謂的楞伽禪。

　　由於慧能的精進不懈，終於確立了南宗禪。而另一方面，弘忍的另一位弟子神秀，也成立北宗禪。於是，禪宗從此分為南北二宗。北宗禪與長安的權力結合，非常受到武后則天的重視，是屬於與權力有密切關係的宗派。中國有一本屬於正史的書籍，書名為《舊唐書》。所謂正史，就是以儒家的立場來記載歷史，同時將佛教行者排除在外，然而，在《舊唐書》的〈方伎傳〉中，竟然有北宗禪三人的資料在內。

　　由此可知，北宗禪的權威、勢力非常巨大。在此書中，完全沒有看到記載慧能之事，也沒有發現一點南宗禪的記錄。但是，北宗禪卻能夠記載在此正史之中，其政治力量可想而知有多麼的大。然而，現在流傳於世的禪，卻都是屬於南宗禪。從下列之圖表，可以清楚地了解慧能以後的禪宗法系：

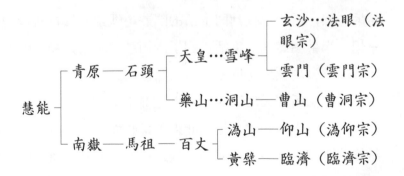

　　以上最後稱為五家，中國的禪宗即分為此五家。後來，臨濟宗又分裂為二，所以稱為五家七宗。慧能正好是在武后則天的時代，在此之後的禪宗，也只有慧能的南宗禪，能夠

持續興盛而流傳於後世。南宗禪更在馬祖、百丈時期，擁有相當大的勢力。

創立禪宗叢林百丈清規之人，即是百丈禪師。百丈禪師的名言為「一日不作，一日不食」。一般人認為拿起鋤頭，播種耕田，只是單純的勞動工作而已。但是，百丈禪師卻說出這是佛的行為，他說勞動即是佛行，這是佛教思想史中首次被提出的思想和價值觀，同時，也被現在的禪宗所接受。由於百丈禪師的緣故，才使得禪宗能夠確立以教團的方式呈現。教團大約於七八〇年左右產生，距離達摩所活躍的五二〇年代，已有二百六十年之久。歷經二百六十年，達摩所傳承的一滴生命，終於可以化為一個禪宗教團的成立。

一滴小泉水潺潺而流，終究也能成為一條小溪，納入洋洋大川之後而成為大河。為何可以演變成如此的情況呢？這些都是需要有各種因緣條件來加以配合。當時（七五五年）適逢發生安史之亂，人心不穩，極思安定。唐朝興盛之時，尤以首都長安最為繁榮，而玄宗時代的繁華，也因楊貴妃而聞名。但是，唐朝的中央集權支配制度，卻因為七五五年的安史之亂，而有所動搖。取而代之的是節度使的興起，節度使相當於地方上師團長階級的武人，他們在亂世中趁機而起。當時的社會動盪不安，亂象叢生，華嚴宗、法相宗等哲學性的佛教，無法滿足各地方節度使的需求。因為，他們需要的是能夠安穩、支撐自己心靈的佛教，而能夠滿足他們需求的正是這些禪僧思想，特別是臨濟的思想。就如同後來臨濟宗

在日本受到鎌倉幕府的大力支援，因此而旺盛不已一樣，臨濟的禪法與節度使緊緊地靠在一起，增添了不少聲勢。這也可以說，臨濟禪本來就具備有這種和他人緊密融合的要素吧！

禪宗與淨土教

　　中國的佛教之中，最重視實踐工夫的是禪宗和淨土教。禪宗與地方軍閥結合而擴大自己的勢力，相對於此，淨土教卻深入浸透於民眾之中。

　　中國的淨土教，因為支謙所譯之《大阿彌陀經》與畺良耶舍所譯之《觀無量壽經》而興起。據說，中國淨土教的開山祖師是曇鸞法師（四七六～五四二？）。他在五台山看見靈跡以後，便發心出家，後來生病，為了求取不老長壽之法，而前往南地之梁，得到道士陶弘景傳《授仙經》十卷後，返回洛陽。後來，又獲得菩提流支傳授《觀無量壽經》，於是，他又回到淨土教。晚年時，他居住在山西省太原郊外的石壁玄中寺裡。這座玄中寺，現在是中日佛教的交流中心，曾經完成重要的使命。一般認為，建於山中的玄中寺，是山中仙人所住之處。曇鸞曾著作《往生論註》、《讚阿彌陀佛偈》，為淨土教奠下穩固的基礎。

　　初唐的道綽（五六二～六四五），繼承了曇鸞的教義。他講授《觀無量壽經》的次數有兩百遍以上，並且勸導眾人應該要多念佛，同時，又教導大眾以小豆子來記錄念佛的次數，或者是製作念珠，數著念珠念佛。傳聞，他的弟子善導（六

一一三～六八一），抄寫數萬卷的《阿彌陀經》，又畫了多達三百張的《極樂淨土變相圖》。據說，曾經有位人士前往善導所在之光明寺會見善導，在接受善導的教誨之後，更加堅定了他決定想要往生的信念，最後終於在寺前的柳樹上，縱身朝地面跳落而往生。就像這樣，人們受到善導的感化後，會期望往生西方淨土。

口稱念佛（口中稱念「南無阿彌陀佛」），是由善導開始的，從此便確立了以「他力教」為主的淨土教。淨土教起初是以觀想阿彌陀佛像的方法，來加深信心，但是，善導以後則改為口稱念佛。經由觀像、觀想來念佛的方法，與禪宗之觀法是相同的方式，然而，成為他力教的口稱念佛，則是與禪的修行方法完全不同。

中國佛教在宋代以後，特別是從明代之後，念佛與禪修，便成為可以一起進行。站立行走誦念佛號時，即是口稱念佛，坐著坐禪之時，即是禪。對中國人而言，禪也好，念佛也好，只要能開悟就一切都好。現在的香港、臺灣的中國寺院中，也可以看到同一個人念著「阿彌陀佛」和坐禪的情形，兩種方法並不會互相抵觸。

但是，日本的淨土教，無論是法然，無論是親鸞，都是徹底實施一種念佛的修行。因此，絕對不可能發生由同一個人同時進行禪和念佛之事。禪宗方面，道元實行的是只管打坐，絕不會使用念佛等其他的修行方法。由此可知，選擇一種修行的方法修行，是日本佛教的特色。

禪與念佛

禪和念佛，看起來是完全不同的修行方式，但是，在宗教心理學上，它們卻能產生相同的意識現象。例如，持續不斷念佛數百聲後，會進入一種念佛三昧的三昧境界。而坐禪也是一樣，專心打坐，也會進入三昧境界，兩者都會產生相同的經驗。

白隱在《遠羅天釜續集》中，有論述念佛與公案兩者之中，究竟是何者較為優異。說到念佛行者與為公案下工夫的禪者何者較為卓越，其實，禪者們所下的工夫並不單純，他們必須要有堅毅不拔的心志，若非如此，即使他們花了十年、二十年的參禪工夫，也得不到任何利益；至於念佛行者則是要全心全意，專心念佛，必須單純而心無雜念，專心誦念，一氣呵成，不可中途退縮，如此能進入念佛三昧，即重要的是必須能夠持續保持精進努力。

因此，白隱舉出元祿時期的二位念佛行者為例來加以說明。此二人即為圓恕和圓愚。圓恕發心求取念佛三昧，而做了重大的決定，就是前往遠江國的初山，與獨湛參禪。下列是二人的對答：

獨湛問：「你是哪裡人？」

圓恕答：「山城之人。」

獨湛又問：「修行什麼宗派？」

圓恕答：「淨業。」

獨湛再問：「阿彌陀佛幾歲？」

圓恕答：「與我同年。」

獨湛接著問：「你幾歲？」

圓恕答：「我與阿彌陀佛同年。」

獨湛再問：「現在你在何處？」

　　圓恕一聽，左手握拳，稍微舉起。獨湛說：「你果真是念佛之人。」如此問答，的確痛快。與阿彌陀佛同年，即是顯示阿彌陀佛與圓恕已成不二之一體。事實上，念佛行者與禪者的境涯，不就是如此而已。白隱也講，圓恕的念佛才是真正的念佛，這便是十分有力的證明。總而言之，禪與念佛，終究是可以合為一體的。

　　不明白此道理的禪者們，看到念佛行者時，便會認為他們是沒有智慧、不懂見性法門的愚笨凡夫，只知道誦念佛號而已；同樣地，不明道理的念佛行者看見禪門的雲水僧時，對於他們不信如來之他力誓願，態度任性傲慢，卻想要大徹大悟之事，也會感到實在是非常可笑。其實，真正的念佛者、禪者，他們的境遇必然都是類似的。例如，我們可以看到蓮如上人、法然上人解說見性之法門。另外，慧心僧都二十四歲時，想要磨練自己本性之大圓鏡，而進入橫川，白天誦念《法華經》，晚上念佛六萬聲，在此其間，沒有一點懈怠，到了六十四歲時，首次開悟，體驗出自己自身即為真如。白隱

對於此種修行，給予相當高的評價。

　　然而，白隱嚴加反對禪者捨棄無字公案徒然誦念佛號的行徑，這種修行者是不會被兩方（禪者、念佛行者）認可的。因此，白隱嚴厲斥責念佛禪是邪道，他厭惡明代的雲棲袾宏、鼓山元賢等念佛禪。白隱將那些要求嚴格的念佛三昧，視為是與禪相同的一種修行方法。對於那些身在禪門卻不坐禪，怠惰心志，無見性之眼光，無禪之定力而過一生者，臨終之時，才急急忙忙成為念佛之人，突然祈願往生淨土，手中握著長串的念珠，高聲念佛，面對無知的男女，則教導他們唯有念佛，才是往生淨土的最高修行方式者，白隱無論到哪兒總是嚴厲斥責這些只會說教的念佛者是邪道。而這樣的念佛禪之輩，如果可以經得住死亡的考驗就好了。其實，白隱追求的是徹底、透徹。他認為若能一以貫之，徹底透徹、單純無雜念地修行，那麼，禪與念佛，便完全相同，無一絲差異。

宗教文庫

多元的宗教是人類精神信仰的豐富展現

從印度佛教到泰國佛教　宋立道／著

　　南傳佛教歷經兩千餘年的發展，堅定地在東南亞大陸站穩腳跟，成為當地傳統文化的主流，不僅支配人們的道德觀念、影響人們的生活情趣，更成為泰國政治意識型態的一部分。藉由玉佛的故事，且看一代聖教如何滲透到東南亞社會的政治、歷史與文化各方面，以及宗教在人類創造活動中的偉大作用。

印度教導論　摩訶提瓦／著　林煌洲／譯

　　由正當的語言、思想及行為著手，積極地提升自己的內在精神，寬容並尊重各種多元的思想，進而使智慧開顯豁達，體悟真理的奧祕，這就是印度教。印度教強調以各種方法去經驗實在及實踐愛，而這正是本書力求把印度教介紹給世人的寫作動力。藉由詳盡的闡釋，本書已提供了一條通往永恆及良善生活方式的線索。

華嚴宗入門　劉貴傑／著

　　傳說印度龍樹菩薩承大乘行願，發心潛入龍宮的藏經閣讀經，後從龍宮擷出《華嚴經》下本，才得流傳世間。華嚴宗依《華嚴經》而立，以法界圓融無礙為宗旨，宣揚一心含攝無量，並直指唯有修心才能成佛。本書提挈華嚴宗的基本概念及主要義理，讓你步入華麗莊嚴的佛法殿堂。

多難之路——猶太教　黃陵渝／著

　　猶太教的核心是相信宇宙有而且只有一位上帝存在，其教義強調猶太人是上帝從萬民中揀選出來的一個特別民族，其將受到上帝的眷顧，並肩負上帝委託的特殊使命。然而，這個民族卻經歷了滅國、流亡及種族屠殺等乖舛多難的命運。在背負過去的傷痛及靜待救贖的日子裡，且讓我們共體猶太信仰在人類史上的堅貞與多難。

宗教文庫

認識多元的宗教知識，培養理性的態度及正確信仰

圓通證道——印光的淨土啟化　陳劍鍠／著

　　佛教自清朝雍正皇帝以降，因未能防止無賴之徒剃度為僧，故僧流猥雜，使得佛法面臨滅法的劫難。在這種逆流的環境下，印光大師續佛慧命，啟化佛教信徒要能慎思明辨、確立正信；他並提倡他力往生的淨土思想，建立求生西方極樂的堅定信念，為人世間開闢了一片希望的淨土。

伊斯蘭教與中國社會　葛　壯／著

　　曾經有一個虔誠的穆斯林說：「如果我信仰真主，當然是我優越，如果我不信仰真主，這條狗就比我優越。」就因為穆斯林們的堅定信仰，使得阿拉伯的伊斯蘭文化不斷地在中國各地傳播，並與中國各朝代的商業、政治、文化及社會產生了密切的互動。且讓我們走進歷史的事跡裡，一探穆斯林在中國社會中的信仰點滴。

滿族薩滿教　王宏剛／著

　　「薩滿」為通古斯語，意為「知曉神意的人」。薩滿教是北方先民用集體的力量擺脫蒙昧的一種文化形態，它記錄了人類童年時代的某些精神景觀與心靈發展的歷史軌跡。本書深入「白山黑水」的東北滿蒙地區，為你揭開一幕幕美麗的原始神話，讓你飛翔在薩滿的萬物神靈裡。

佛法與醫學　川田洋一／著　許洋主／譯

　　醫生通常可以告訴您生了什麼病，卻無法確切地告訴您為什麼會生病；「人為什麼會生病」這個問題，似乎牽涉到生命意識的深層結構。本書由世尊的覺悟內容做為起點，有系統地論述身體與宇宙韻律的關係，並詳細介紹佛門的醫療方法，為您提供一條健康喜悅的生命之道。

宗教文庫

堅定的信仰，高尚的道德品格

大乘佛教思想　上田義文／著　陳一標／譯

　　大乘佛法的義理精闢艱深，諸如「色即是空」及「生死即涅槃」等看似矛盾的命題，更為一般人所無法清楚地理解；而如果我們不先將這些基本概念釐清，則勢必求法無門。本書以清晰的思路帶領大眾思考大乘佛教的基本概念，並對佛學研究方法提出指引，使佛法初學者與研究者皆能從中獲取助益。

佛教經典常談　渡辺照宏／著　鐘文秀、釋慈一／譯
　　　　　　　　陳一標／校訂

　　作為宗教文學或哲學著作，佛教聖典當然具備豐富多樣的內容，縱使在教戒、傳說、寓言、笑話、小說、戲曲、歷史、地理、民俗、習慣等人類所有的生活面，像佛教聖典這樣廣涉多方且富於變化者，確為世界文獻所僅見。本書以淺易明白的方式來介紹佛經的成立及現存的主要經典，輕啟您對佛門經典的常識。

經典禪語　吳言生／著

　　禪宗在表現生命體驗、禪悟境界時，於「禪不可說」中建立起一個嚴謹而閎大的思想體系，而本書正是通向禪悟思想之境的一座橋樑。藉由禪師們的機鋒往返，剝落層層的偏執，使你寸絲不掛，讓你在耳際招架不住的困思之中，體證修行與生活一體化的澄明之境，並嗅聞出禪門妙語的真實本性。

經典禪詩　吳言生／著

　　禪宗詩歌是一筆豐厚的文化遺產，從創作主體上來看，包括歷來禪僧創作的悟禪之詩，和文人創作、帶有禪味的詩歌兩大類，而本書所探討的經典禪詩是指前一類。禪宗詩歌與純文學性的詩歌不同，它的著眼點不在於文字的華美、技巧的嫻熟，而在其禪悟內蘊的深邃、豐富；因此，藉由禪詩的吟詠，深足以豐饒身心、澄明生命。

宗教文庫

學習開放傾聽，洗滌心靈，友善分享

經典頌古　吳言生／著

　　禪宗運用了電光石火的公案，以及吟詠公案的頌古來表現其思想體系。頌古的本意，在於使讀者從諷詠吟頌之間體會古則的旨意，是禪文學的一種形式。本書在總體把握禪宗思想的基礎上，立足於禪本義的立場，對吟詠百則公案的頌古進行分析、欣賞，讓自古以來即喧囂禪林的經典頌古廓然朗現。

佛言佛語——佛教經典概述　業露華／著

　　佛教經典浩如煙海，除一些佛門高僧外，一般人很少能遍閱藏經。為此，本書主要對佛教經典，特別是對中國佛教的經典作一些歷史性及概要性的介紹，使讀者閱讀本書後，能對佛教經典的產生、內容及在中國社會的流傳情況有更深的了解。

佛教入門　三枝充悳／著　黃玉燕／譯

　　佛教一直以宗教的立場來開導大眾，使人得到精神安慰。再加上佛教能建立思想，使其成為人們實踐的支柱，這更對各種優異文化的形成、深化、發展等，有很大的貢獻。本書全部圍繞在「何謂佛教」這個主題上，對於佛教入門所必須述及的各種問題，以平實的文字做忠實的敘述，使佛教的整體面貌得以開顯。

宗教學入門　瓦鄧布葛／著　根瑟‧馬庫斯／譯

　　人類的宗教呈現分殊多樣的面貌，這是人類精神所展現的多元現象，也是人類文化的豐富遺產。人類總在理性的盡頭走上信仰，然而，站在人文精神與知識的立場，我們應如何去思索宗教現象，以及探尋關於宗教的可靠知識呢？本書主張把宗教現象視作人類現象來研究，分別從歷史、比較、情境以及詮釋學來充實其內涵，系統性地從幾種不同的學科與途徑來介紹當前的宗教研究，企使宗教建立一門知識性的學科。

國家圖書館出版品預行編目資料

何謂禪／鎌田茂雄著;昱均譯.－－初版一刷.－－臺
北市;東大，2003
　　面;　公分－－(宗教文庫)

ISBN 957－19－2521－7　(平裝)

1.禪宗

226.6　　　　　　　　　　　　　　　92006199

網路書店位址　http://www.sanmin.com.tw

ⓒ　何　　謂　　禪

著作人　鎌田茂雄
譯　者　昱　均
發行人　劉仲文
著作財
產權人　東大圖書股份有限公司
　　　　臺北市復興北路386號
發行所　東大圖書股份有限公司
　　　　地址／臺北市復興北路386號
　　　　電話／(02)25006600
　　　　郵撥／0107175－0
印刷所　東大圖書股份有限公司
門市部　復北店／臺北市復興北路386號
　　　　重南店／臺北市重慶南路一段61號
初版一刷　2003年5月
編　號　E 22081－0
基本定價　貳元捌角
行政院新聞局登記證局版臺業字第○一九七號

ISBN　957－19－2521－7　(平裝)